Ein Lehrwerk für Erwachsene

Arbeitsbuch 1C

Kees van Eunen, Josef Gerighausen, Gerd Neuner,
Theo Scherling, Reiner Schmidt und Heinz Wilms

LANGENSCHEIDT

BERLIN · MÜNCHEN · LEIPZIG · WIEN · ZÜRICH · NEW YORK

Zeichnungen und Layout: Theo Scherling
Fotografie: Ulrike Kment (s. a. Quellennachweise, S. 144)
Umschlaggestaltung: Theo Scherling
Redaktion: Gernot Häublein
Verlagsredaktion: Sabine Wenkums

Deutsch aktiv Neu

Ein Lehrwerk für Erwachsene

Stufe 1C

Lehrbuch 1C	49140
Arbeitsbuch 1C	49141
Lehrerhandreichungen 1C	49142
Glossar Deutsch-Englisch 1C	49143
Glossar Deutsch-Französisch 1C	49144
Glossar Deutsch-Italienisch 1C	49145
Glossar Deutsch-Spanisch 1C	49146
Glossar Deutsch-Türkisch 1C	49147
Glossar Deutsch-Polnisch 1C	49148
Glossar Deutsch-Griechisch 1C	49149
Glossar Deutsch-Russisch 1C	49151
Cassette 1C Hörtexte	84560
Folien 1C	84562

🖭 = Dieser Text aus dem Lehrbuch ist wörtlich auf Cassette 1C aufgezeichnet.

🖭 = Zu diesem Abschnitt des Lehrbuchs enthält Cassette 1C zusätzliche Hörmaterialien.

Druck: 8 7 6 | Letzte Zahlen
Jahr: 96 95 94 | maßgeblich

© 1990 Langenscheidt KG, Berlin und München

Das Werk und seine Teile sind urheberrechtlich geschützt.
Jede Verwertung in anderen als den gesetzlich zugelassenen Fällen
bedarf deshalb der vorherigen schriftlichen Einwilligung des Verlages.

Druck: Druckhaus Langenscheidt, Berlin
Printed in Germany · ISBN 3-468-49141-7

Inhaltsverzeichnis

Informationen für Lernende 4

Kapitel 17 5

Kapitel 18 15

Kapitel 19 27

Kapitel 20 39

Zwischentest zu Kapitel 17 - 20
nach dem Muster der Zertifikatsprüfung "Deutsch als Fremdsprache" 48

Kapitel 21 56

Kapitel 22 65

Kapitel 23 73

Kapitel 24 82

Abschlußtest zu Kapitel 17 - 24
nach dem Muster der Zertifikatsprüfung "Deutsch als Fremdsprache" 85

Grammatik- und Wortschatzdarstellung in "Deutsch aktiv Neu" 98

Lösungsschlüssel zu gesteuerten Übungen und Tests 139

Quellennachweis für Texte und Abbildungen 144

Informationen für Lernende

1. Was finden Sie im Arbeitsbuch 1C?

- Sie finden viele verschiedene Übungen zu (fast) allen Abschnitten des *Lehrbuchs*. Die Bezeichnung der Abschnitte ist im *Lehrbuch* und im *Arbeitsbuch* gleich (17A1,...; 17B1,...). Die einzelnen Übungen sind in den A-Teilen und in den B-Teilen jeweils durchnumeriert.
- Nach den Kapiteln 20 und 24 finden Sie umfangreiche Tests, die nach dem Modell der *Zertifikatsprüfung Deutsch als Fremdsprache* angelegt sind. Diese Tests sollen Ihnen bei der gezielten Vorbereitung auf die Zertifikatsprüfung helfen.
- Mit dem Lösungsschlüssel können Sie sich selbst kontrollieren ("Was habe ich richtig gemacht?") und selbst korrigieren ("Was habe ich falsch gemacht? Wie ist es richtig?").
- Am Ende des *Arbeitsbuchs* gibt es eine systematische Übersicht zur Grammatik- und Wortschatzdarstellung im Lehrwerk "Deutsch aktiv Neu". Auch diese Übersicht soll Ihnen eine gezielte Vorbereitung auf die Zertifikatsprüfung erleichtern. Diese Grammatik- und Wortschatzseiten haben einen grauen Streifen am Außenrand, damit sie schnell zu finden sind.

2. Was lernen Sie mit den Aufgaben und Übungen des Arbeitsbuchs?

Vor allem lernen Sie ...

... schriftliche Texte (u. a. auch literarische Texte) verstehen; Stichpunkte zu schriftlichen Texten machen; Inhalte von schriftlichen Texten zusammenfassen; Texte nach Stichpunkten und Bildern selbst schreiben; Briefe schreiben; beschreiben, was passiert ist und was Sie erlebt haben; beschreiben, wie etwas ist und wie etwas funktioniert; Ihre Meinung äußern und begründen; Geschichten erfinden und niederschreiben.

... Hörtexte (Dialoge, Gespräche, Reden, Interviews, Radiosendungen, Lieder ...) verstehen: Dabei helfen Ihnen die Übungen des *Arbeitsbuchs* mit schriftlichen Vorinformationen, Bildern, Lückentexten, Zusammenfassungen, Stichwörtern, Worterklärungen, Fragen usw.

... Hörtexte (Dialoge, Gespräche, Hörszenen, Telefonate) reproduzieren, rekonstruieren, variieren, selbst neu machen und spielen.

... grammatische Formen erkennen und richtig gebrauchen; Sätze analysieren und richtig bilden; den Aufbau von Texten erkennen und Texte herstellen.

... die Bedeutung von Wörtern verstehen und Wörter im Kontext richtig gebrauchen: zusammengesetzte Wörter (Komposita) und abgeleitete Wörter (Derivativa) analysieren, verstehen und selbst bilden; Wörter als Elemente von Wortfamilien erkennen und daraus ihre Bedeutung erschließen.

3. Wie können Sie mit dem Arbeitsbuch arbeiten?

Mit Hilfe des *Arbeitsbuchs* kann man häufig Aufgaben zu Hause schriftlich erledigen. Das *Arbeitsbuch* kann aber auch im Unterricht selbst eingesetzt werden: Viele der Aufgaben eignen sich insbesondere zur Partner- und Gruppenarbeit.

Wir haben im Arbeitsbuch bewußt darauf verzichtet, zu jeder Übung Hinweise über mögliche Sozialformen des Unterrichts, z. B. Partner- und Gruppenarbeit, zu liefern, um den Unterricht auf so fortgeschrittener Stufe nicht unnötig "vorzuprogrammieren".

Die folgenden Symbole links oder rechts auf der Seite helfen Ihnen:

- bedeutet: Sie arbeiten mit einem Hörtext auf der Cassette, der im *Lehrbuch* und im *Arbeitsbuch* nicht (ganz) abgedruckt ist.
- bedeutet: Die Lösung der Aufgabe (oder Lösungsbeispiele) finden Sie im Lösungsschlüssel des *Arbeitsbuchs* (S. 140 - 144).
- bedeutet: Sie sollen auf ein extra Blatt schreiben. Die Lehrerin / Der Lehrer soll das korrigieren. (Tip: Alle Blätter in einer Mappe sammeln.)

Und nun —
an die Arbeit und viel Spaß!

17A

Ü1 Was erfährt man aus Peter Bichsels Geschichte über die Tochter?
Füllen Sie das folgende Datenblatt aus. Wenn etwas nicht im Text steht, phantasieren Sie ruhig etwas!

Peter Bichsel
DIE TOCHTER

ATENDATENDATENDATENDATENDATENDATENDATENDATENDATEND

- Vorname: *Monika*
- Familienname: _____
- Wohnort: ☐ Dorf
            ☐ Stadt

  Suchen Sie ein passendes Foto aus!

- Land: _____
- Alter: _____
- Größe: _____ cm
- Haarfarbe: _____
- Benutzt Kosmetik: ☐ Ja.
                     ☐ Nein.
- Ist ☐ Raucherin ☐ Nichtraucherin.
- Hobbys: _____
  _____
  _____
- Arbeitsplatz: ☐ Dorf ☐ Stadt
- Fährt mit _____ zur Arbeit.
- Liest gerne _____.
- Sammelt _____.
- Ist ☐ verliebt ☐ verlobt ☐ verheiratet.
- Fremdsprache(n): _____
- Beruf und Alter der Mutter: _____
- Beruf und Alter des Vaters: _____
- Sie hat _____ Geschwister.

Ⓐ
Ⓑ
Ⓒ
Ⓓ

Ü 2 Einige Passagen in Bichsels Geschichte beziehen sich auf *früher*, andere auf *später*; aber vieles spielt *an dem Abend, den Bichsel beschreibt.*
Wie kann man die folgenden Sätze aus dem Text zeitlich einordnen?
Kreuzen Sie an – auch mehrere Kreuze sind möglich.

	früher	der Abend, den Bichsel beschreibt	später
1. Sie, er und seine Frau, saßen am Tisch und warteten auf Monika.		X	
2. Früher hatten sie eine Stunde eher gegessen.			
3. Jetzt warteten sie täglich ...			
4. ... sie brachte oft Platten mit aus der Stadt ...			
5. Und dann stellten sie sich mehrmals vor in dieser Stunde, wie sie heimkommt, ...			
6. Bald wird sie sich in der Stadt ein Zimmer nehmen, ...			
7. Kürzlich hatte er Monika gebeten: "Sag mal etwas auf französisch".			
8. Sie wußte nichts zu sagen.			
9. Dann stellte die Mutter den Kaffee auf den Tisch.			

2 Eckehard – Stefanie

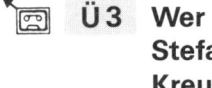 **Ü 3** Wer hat was gesagt: Stefanie oder Eckehard?
Kreuzen Sie zuerst an; kontrollieren Sie danach anhand der beiden Interviews Ihre Lösungen.

	Eckehard	Stefanie	keine(r) von beiden
1. Meine Eltern sind nicht gegen selbständiges Wohnen, wenn die Kinder alt genug sind.			
2. Zivildienst ist genauso unangenehm wie Militärdienst.			
3. Meine Eltern mögen keine laute Musik.			
4. Ich hatte Krach mit den Eltern.			
5. Für junge Leute ist es zur Zeit schwierig, eine Wohnung zu finden.			
6. Ich kann manchmal nicht allein sein, wenn ich möchte.			
7. Meine Eltern finden mich noch zu jung für eine eigene Wohnung.			
8. Es ist mir nicht gelungen, in eine Wohngemeinschaft (WG) zu kommen.			
9. Ich wohne gerne in der WG.			
10. Ich mache meinen Zivildienst als Fahrer eines Krankenwagens.			

17A

„Bei uns ist das anders!"

Ü 4

> *Sie:* Sag, was du willst, Elham. Du wirst mich nie überzeugen. Wir sind einfach anders. Wir denken anders und leben in verschiedenen Kulturen. Deshalb ist es schwer, daß wir uns einig werden.
> *Ich:* Ja, du hast recht!

a) So endet das Gespräch zwischen Petra und Elham, dem ägyptischen Studenten.
Was erfährt man aus dem ganzen Text (*Lehrbuch*, 17A3) über die beiden „verschiedenen Kulturen"?
Sammeln Sie Beispiele und ordnen Sie sie in einer Liste:

.....   unsere Meinung immer anders   Verstehe mich nicht mit meinem Vater
immer von seiner Meinung überzeugt   manchmal laut   diskutieren
ruhig leben   daß ich ohne Probleme lebe   Alle wohnen voneinander getrennt
Warum wohnst du nicht bei deiner Familie?   mein Bruder wohnt nicht mehr zu Hause   .....
mit anderen Leuten in Kontakt kommen   .....

Petras Kultur	Elhams Kultur

b) 1. Wer erzählt mehr, besser, informativer: Elham oder Petra?
2. Wie finden Sie Petras, wie Elhams Ideen?
3. Fassen Sie Ihre Meinung in einem kurzen Text zusammen.

1) Ich finde, Elham ...

17A

Ü5 Das schreiben einige Jugendliche über Ihre Eltern:

① Ich habe gemerkt, daß ich meinen Eltern jetzt schon immer ähnlicher werde. Darüber habe ich mich geärgert.
Tina Hunz, 13 Jahre

② Meine Mutter ist eine meiner besten Freundinnen, sie war es immer schon.
Annette Meyer, 17 Jahre

③ Ich fühle mich
wie ein Hund
an der Hundeleine meiner Eltern
der ihren Wegen folgen
5 muß.
Doch anstatt
daß sie mir im Lauf der Jahre
mehr und mehr Auslauf gewähren
habe ich oft das Gefühl
10 sie nehmen eine zweite
dazu.
Vera Kattermann, 16 Jahre

3 *die Hundeleine:*

8 *mehr Auslauf gewähren:* größere Freiheit geben

10 *eine zweite:* noch eine Hundeleine

④ Vielleicht für manche unverständlich ist, daß mein Vater in sehr vielen Beziehungen mein Vorbild ist. Seine Erziehung gefällt mir, da er von mir nicht erwartet, ein Streber zu sein, mich seit einigen Jahren nur selten und in begründeten Fällen bestraft hat
5 (geschlagen wurde ich nur in jungen Jahren und auch da nur begründet). Außerdem kann man mit ihm über alles reden. Durch ihn habe ich viele interessante Anregungen bekommen, wie zum Beispiel Leichtathletik und die Musik. Seine Musik hat es mir so angetan, daß ich jetzt selber Klavier und Trommel spiele. Er hat
10 mich in Konzerte von Klassik bis Jazz mitgenommen. Ich bin wirklich froh, diesen Vater zu haben.
Michael Diels, 15 Jahre

1 *mein Vater (ist) in sehr vielen Beziehungen mein Vorbild:* ich möchte in vielem so sein wie mein Vater
3 *der Streber:* Karrieremacher
4 *in begründeten Fällen:* wenn es Gründe gab
7 *die Anregung:* (hier) gute Idee, origineller Gedanke
8 *hat es mir so angetan:* finde ich so gut

**Welche Person äußert sich *positiv*, welche *negativ* über die Eltern?
Kreuzen Sie an und suchen Sie zur Begründung passende Textstellen.**

PERSON	+	−	TEXT-NR.	STELLEN AUS DEM TEXT:
Annette			○	
Michael			○	
Vera			○	
Tina			○	

Ü6 Die vier Jugendlichen äußern sich sehr unterschiedlich über ihre Eltern.
Mit welcher Meinung stimmen Sie überein? Warum?

SPRACHE IN TEXTEN I

Ü 7 So lautet die Textdefinition (*Lehrbuch*, 17A5):

- Ein Text ist keine Reihung von isolierten Einzelsätzen.
- Alle Sätze dienen dem Thema des ganzen Textes.
- Jeder Satz erklärt die folgenden Sätze.
- Jeder folgende Satz erklärt die vorhergehenden Sätze.
- Alles gehört und paßt zusammen.
- Man kann die Reihenfolge der Sätze im Text nicht leicht ändern.
- Der ganze Text ist ein Gewebe.

Ist der folgende Text ein „Text" im Sinne dieser Definition? ☐ Ja. ☐ Nein.
Begründen Sie Ihre Meinung mit Hilfe der Definition.

Entführerin wünschte sich ein Kind / Nach Vernehmung wieder frei
Entführter Säugling wieder daheim

Rendsburg (dpa). Freitag, der 13., wurde zum Glückstag für eine Rendsburger Familie: 60 Stunden nach der Entführung ihrer vier Tage alten Tochter konnten die Eltern kurz nach Mitternacht das Baby wieder in die Arme schließen. In der Wohnung einer Frau im Landkreis Rendsburg-Eckernförde fanden Polizeibeamte das Kind und die Entführerin. Die Frau, deren Alter die Polizei mit „Ende 20" angab, gestand, das Neugeborene am Dienstagmorgen aus dem Rendsburger Kreiskrankenhaus mitgenommen zu haben. Als Motiv gab sie den sehnlichen Wunsch nach einem eigenen Kind an, nachdem sie kürzlich eine Fehlgeburt gehabt hatte.

Das kleine Mädchen war wohlbehalten und offenbar gut gepflegt und ernährt worden. Zu einer vorsorglichen ärztlichen Untersuchung wurde der Säugling sofort ins Rendsburger Krankenhaus gebracht, wo er den Eltern übergeben werden konnte, die ebenfalls von der Polizei zum Krankenhaus gefahren wurden. Die geständige Entführerin wurde nach der polizeilichen Vernehmung wieder auf freien Fuß gesetzt.

Am Dienstagmorgen war das Verschwinden des Kindes aus dem Säuglingszimmer der Entbindungsstation entdeckt worden, nachdem eine zunächst unbekannte Frau sich die Station hatte zeigen lassen und dann ebenfalls verschwunden war. Die Polizei bildete eine Sonderkommission. Insgesamt gingen fast 100 Hinweise ein; Spur Nummer 85 führte schließlich zum Ziel.

1 *die Entführerin:* (hier) Frau, die ein Kind illegal mitnimmt;
die Vernehmung: Befragung durch die Polizei
17 *sehnlicher Wunsch:* sehr starker Wunsch
19 *die Fehlgeburt:* ein Baby wird so früh geboren, daß es nicht leben kann
31 *auf freien Fuß gesetzt:* freigelassen
35 *die Entbindungsstation:* Abteilung des Krankenhauses, wo Babys geboren werden
40 *die Sonderkommission:* spezielle Kommission
41 *gingen ... ein:* wurden gegeben

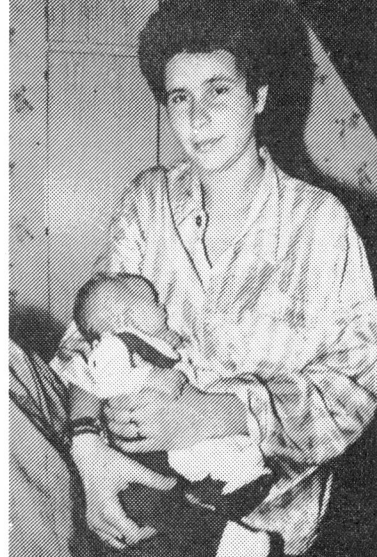

Das Baby und Mutter Angela sind wohlauf.   Foto: dpa

Ü 8 1. Verfolgen Sie diese „Kette" weiter durch den Text.
2. Suchen Sie weitere „Ketten" (z. B. zu *Entführerin*).

17A — SIT

Ü1 Welche Personen führen dieses Gespräch?

- Ich möchte 200 Mark von meinem Sparkonto abheben.
- Wie wollen Sie es gern haben?
- In Zwanzigmarkscheinen, bitte.
- Einen Augenblick, bitte. – Bitte sehr: 20, 40, 60, 80, 100, ..., 200!
- Danke sehr!
- Bitte sehr.

Ü2 Schreiben Sie folgendes Gespräch am Bankschalter weiter:

○ Bitte sehr?

● Ich möchte gerne Geld wechseln – tausend schwedische Kronen, bitte.

○ ......

17B — GR

1–2 Ü1 Vorgangspassiv oder Zustandspassiv:
ge . . . . . t / ge . . . . . en worden oder ge . . . . . t / ge . . . . . en ~~worden~~? 🔑

1. a)  Sieh mal! Dieses Haus ist sehr originell _____ _____ (bauen).

   b) Unglaublich! An diesem Haus ist nun mehr als zehn Jahre _____ (bauen).

2. a)  Die Kartoffeln sind zum Glück schon _____ _____ (schälen)!

   b) Wann sind diese Kartoffeln hier denn _____ _____ (schälen)?

3. a)  Stell dir vor, unser Fernseher ist heute nacht _____ _____ (stehlen)!

   b) Dieser Fernseher gehört nicht Ihnen! Er ist _____ _____ (stehlen)!

GR 17B

4. a)  Die Treppe ist heute morgen frisch _____
   _____ (bohnern).

   b) Also, diese Treppe sieht aus, als ob sie immer frisch
   _____ (bohnern) wäre.

5. a) Ihr Auto ist heute _____
   (waschen), Herr Pitschke!

   b) Man sieht, daß unser Wagen frisch _____
   _____ (waschen). Er glänzt wie neu!

6. a) Wegen eines schweren Unfalls ist die Autobahn Bremen –
   Hamburg heute vormittag total _____
   (sperren).

   b) Na hör mal! Diese Straße ist doch schon seit Jahren für
   den Verkehr _____ (sperren)!

Ü2 Partizip I oder Partizip II? Ergänzen Sie die Geschichte. 3–7

COWBOY JIM

Es war einmal ein Cowboy, der hieß Jim Makepeace. Er war ein sehr schnell ① _____ (schießen) Mann. Immer trug er ein speziell für ihn ② _____ (bauen) Gewehr und zwei schwere Revolver, außerdem Lederstiefel mit großen Sporen.

Jim konnte nicht schwimmen. Einmal kam er mit einigen Freunden an einen schnell ③ _____ (strömen) Fluß, den sie überqueren mußten. Gegen den Rat seiner Freunde wollte Jim seine ④ _____ (lieben) Waffen nicht ablegen: Er ritt mit seinem Pferd einfach in den Fluß hinein. Plötzlich sahen die gespannt ⑤ _____ (zuschauen) Freunde, wie der ⑥ _____ (reiten) Jim und sein Pferd unter Wasser verschwanden! Er war unerwartet in tiefes Was-

Fortsetzung →

17B — GR

ser gekommen - nicht ungefährlich in dem schnell ⑦ _____ (fließen) Strom! Überall suchten die Freunde nach Jim, aber sie sahen ihn nirgends. Sie glaubten schon, daß er ertrunken wäre - aber dann tauchte er, über 200 Meter entfernt, gesund und munter aus dem Wasser auf, immer noch auf seinem Pferd ⑧ _____ (sitzen)! Der ⑨ _____ (auftauchen) Jim erzählte ihnen, was passiert war: "Ich bin ganz plötzlich in tiefes, ⑩ _____ (reißen) Wasser gekommen. Meine Sachen waren so schwer, daß ich nicht mehr absteigen konnte - also bin ich einfach auf dem Grund des Flusses weitergeritten, bis das Wasser wieder seichter wurde!"

Da sagte einer der ⑪ _____ (lachen) Kollegen zu ihm: "Leg' doch diese ⑫ _____ (verfluchen) Waffen ab, bevor du in einen Fluß reitest!" "Warum sollte ich?" erklärte Jim. "Wenn ich das schwere Zeug nicht angehabt hätte, wäre ich doch nie auf den Grund gesunken, wo ich dann gut weiterreiten konnte. Ihr wißt doch: Ich kann nicht schwimmen! Nein, ihr könnt sagen, was ihr wollt: Gerade, daß ich immer so viele schwere Waffen trage, hat mir das Leben gerettet ..."

8–10 | **JETZT: nicht – vielleicht SPÄTER = potential** | **DAMALS: nicht real = irreal! AUCH SPÄTER: nicht real = irreal!**

Ü3 Konjunktiv II: Potentialis oder Irrealis? Ergänzen Sie die passenden Verben.

1. Wenn du so etwas *tun würdest*, *wäre* ich *böse*.
2. Wenn ihr so etwas _____ (sagen), _____ wir nie wieder zu euch!

GR 17B

3. Ich _____ mir kein Auto _____ (kaufen), wenn

   ich es nicht _____.

4. Wenn ich es nicht sicher _____ (wissen),

   _____ ich es nicht _____.

5. Würde er _____, wenn er _____?

~~tun~~   ~~böse sein~~   bezahlen   kommen   sagen   glauben   wissen   können

Ü 4 Sie sind zu spät zur Arbeit gekommen!
Finden Sie eine Begründung oder eine
Ausrede.
Wie reagiert Ihr Gesprächspartner?
Bitte ergänzen Sie:

SIE	IHR(E) GESPRÄCHSPARTNER(IN)
1. a) Wenn die Schranke nicht ge_____ _____(schließen) gewesen w_____, w_____ ich rechtzeitig dage_____.	b) Es ist immer das gleiche mit Ihnen! Wenn Sie etwas früher _____
2. a) Aber Herr Direktor! Wenn wir keine Autopanne _____ (haben), _____ wir rechtzeitig _____ (ankommen).	b) Wenn Sie _____
3. a) Wenn der Wecker _____ _____ (klingeln), _____ ich nicht _____ (verschlafen).	b)
4. a) Wenn wir unterwegs _____	b)
5. a) Wenn Sie _____	b)

13

17B WS

11–16 **Ü 5** Im Deutschen kann man viele Wörter miteinander „kombinieren", d.h. *Komposita* bilden.

1. Lesen Sie bitte den Text „Vermißtes Kind schlief in einem Schneehaufen" (*Lehrbuch*, 17A4) noch einmal durch und notieren Sie die Komposita, die darin vorkommen. 🗝

2. Unterstreichen Sie bei jedem Kompositum das <u>unbetonte Grundwort</u>. Schreiben Sie dann das Bestimmungswort und das Grundwort unter jedes Kompositum und übersetzen Sie alle drei Begriffe in Ihre Muttersprache (wenn nötig, mit Hilfe eines Wörterbuches): 🗝

```
Kompositum:        Nachbarhaus   = _____
Bestimmungswort:   - Nachbar     = _____
Grundwort:         - Haus        = _____
```

3. Ist auch dieses Kompositum möglich? 🗝 *Hausnachbar?*

Wie ist das bei den anderen Komposita, die Sie im Text gefunden haben?
Suchen Sie im Wörterbuch nach Kombinationsmöglichkeiten.

18A

Ernst Jandl
familienfoto

Ü1 Beschreiben Sie, was auf dem Foto zu sehen ist.

1. Das Bild als Ganzes:

Auf dem Foto

2. Die Einzelheiten auf dem Foto:

Die Mutter
Der Vater
Der Hund
Die

Ü2 Bringen Sie ein Familienfoto mit und beschreiben Sie es wie in Ü1, aber mündlich. Sie können dazu auch andere Familienfotos aus dem *Lehrbuch*, Kapitel 18 nehmen.

Ü3 Welche Wörter oder Ausdrücke fallen Ihnen zu dem Begriff „Familie" ein? Notieren Sie bitte.

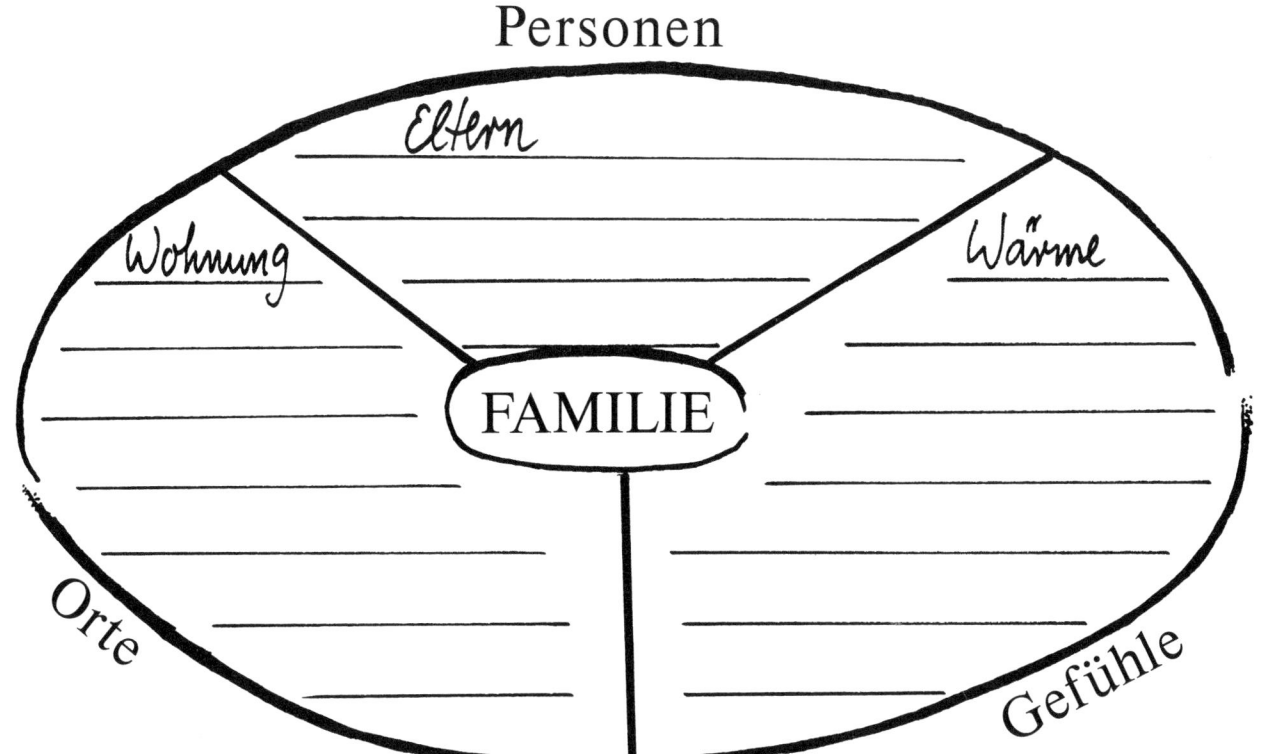

18A

2 Gespräch mit Knut und Ulla Kokoschka

Ü 4 Hören Sie *Abschnitt a* des Gesprächs. Dazu sollen Sie die folgenden zehn Aufgaben lösen: Sind die Aussagen 1–10 richtig (R) oder falsch (F)? Kreuzen Sie an.

	R	F
1		
2		
3		
4		
5		
6		
7		
8		
9		
10		

1. Ulla und Knut Kokoschka haben 1975 geheiratet.
2. Die Hochzeit fand in Berlin statt.
3. Beide wollten eigentlich keine Kinder.
4. Sie wollten nicht sofort Kinder, weil Ulla noch studierte.
5. Die finanzielle Belastung durch ein Kind war kein Problem für sie.
6. Nach sechs Ehejahren wurde ihr erstes Kind geboren.
7. Knut und Ulla hatten sich sehr auf das Kind gefreut.
8. Nach der Geburt ihres Kindes konnten sie nicht mehr in Urlaub fahren.
9. Früher waren Kokoschkas auch einmal nach Polen in Urlaub gefahren.
10. Sie hatten große Mühe, sich auf die Veränderung ihres Lebens durch ihr Kind einzustellen.

Ü 5 Ergänzen Sie die passenden Verbformen im folgenden Bericht über Kokoschkas.

1. Ulla und Knut haben 1975 *geheiratet*.

2. Beide haben damals in Berlin _____.

3. Sie haben nicht gleich Kinder _____ _____.

4. Denn Ulla hat noch _____ _____.

5. Schließlich haben sie sich doch für ein Kind _____ _____.

6. Nach sechs Ehejahren haben sie dann ihr erstes Kind _____ _____.

7. Beide hatten sich sehr auf ihr Kind _____.

8. Ulla und Knut haben sich danach schnell auf die Veränderungen _____ _____.

9. Früher hatten sie große Reisen _____.

10. Aber sie haben natürlich _____, daß das in den ersten Jahren nach Alinas Geburt nicht mehr möglich sein würde.

11. Das ist dann auch wirklich so _____.

---

bekommen   ~~heiraten~~   wissen   (sich) freuen   wohnen   machen

(sich) entscheiden   (sich) einstellen   studieren   sein   wollen

Ü 6 1. Lesen Sie bitte die folgenden Texte ① und ②:

①

Als Alina eindreiviertel Jahre alt war, fing Ulla wieder an zu arbeiten. Drei Monate lang sorgten die Großeltern dann abwechselnd für Alina. Danach übernahm Knut die Versorgung des Kindes und die Arbeit im Haushalt.
Knut ist davon überzeugt, daß es gut war, daß er das gemacht hat; aber er zweifelt, ob er es immer gut gemacht hat.
Er übernahm diese Aufgabe für anderthalb Jahre, bis sie aus Berlin weggingen.

②

Als Alina eindreiviertel Jahre alt war, fing Ulla wieder an zu arbeiten. Drei Monate lang war Alina dann bei den Großeltern in der Bundesrepublik. Danach übernahm Knut die Versorgung des Kindes und die Arbeit im Haushalt. Knut zweifelt, ob es richtig war, daß er das getan hat, obwohl er keine Probleme mit seiner Rolle als Hausmann hatte.
Nach anderthalb Jahren hörte er dann damit auf, weil sie von Berlin wegzogen.

2. Hören Sie nun *Abschnitt b* des Gesprächs. Welcher der beiden Texte stimmt mit dem Inhalt des Interviews überein?

Ü 7 Welche Argumente könnte Knut sonst noch für seine Arbeit als Hausmann anführen?

a) Kreuzen Sie an:

O 1. Meine Frau konnte dadurch ihr Studium fortsetzen.

O 2. Wir konnten so selbst für das Kind sorgen.

O 3. Meine Frau hatte eine Stelle, ich nicht.

O 4. Meine Frau fand, daß ich auch mal den Haushalt machen sollte.

O 5. Dadurch bekam ich ein besseres Verhältnis zu meinem Kind.

O 6. Frauen sind nicht nur für "Kinder, Küche und Kirche" da!

O 7. Kinder lernen dabei, daß es keine typische Männer- oder Frauenarbeit gibt.

O 8. Ich wollte meinen männlichen Kollegen ein gutes Beispiel geben.

O 9. Mann und Frau sollten auch in der Familie gleiche Rechte, Pflichten und Möglichkeiten haben.

O 10. Meine Frau sollte die Möglichkeit haben, in ihrem eigenen Beruf tätig zu sein.

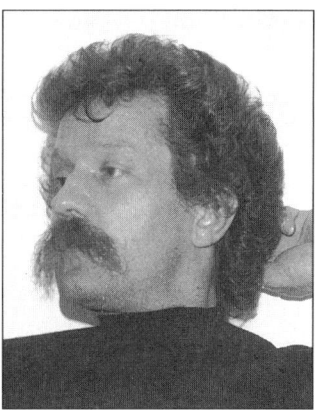

"Es war sicherlich für Alina gut, daß ich's gemacht hab', ..."

b) Vergleichen Sie Ihre Ergebnisse in der Gruppe und diskutieren Sie.

18A

Ü 8 Welche Hausarbeiten machen Sie immer/manchmal/nie?

das Baby wickeln · Betten machen · Kinder in den Kindergarten bringen · staubsaugen · Wäsche waschen und aufhängen · Kinder waschen und anziehen · einkaufen · das Frühstück machen

1. Schreiben Sie eine Liste über Ihre Tätigkeiten im Haushalt:

Mache ich immer,...	... manchmal,	... nie!
einkaufen		

2. Berichten und vergleichen Sie in der Gruppe.

 **Lied der Kinder**

Ü 9 Machen Sie in Ihrer Gruppe eine Umfrage:

Was tun Sie (nicht) / Was wollen Sie (nicht), wenn Sie müde von der Arbeit nach Hause kommen?

Kreuzen Sie bitte an, was die Befragten tun/wollen:	mein(e) Nachbar(in)	mein(e) Lehrer(in)	weitere Leute: 1	2	3
In Ruhe gelassen werden					
Zuerst mal ein Bier trinken					
Etwas Warmes essen					
Schlafen					
Zeitung lesen					
Mit den Kindern spielen oder rausgehen					
Mich mit meiner Partnerin / meinem Partner unterhalten					
Fernsehen					
.....					

Ü 10 Was meinen Sie zu den Ergebnissen Ihrer Umfrage? Diskutieren Sie.

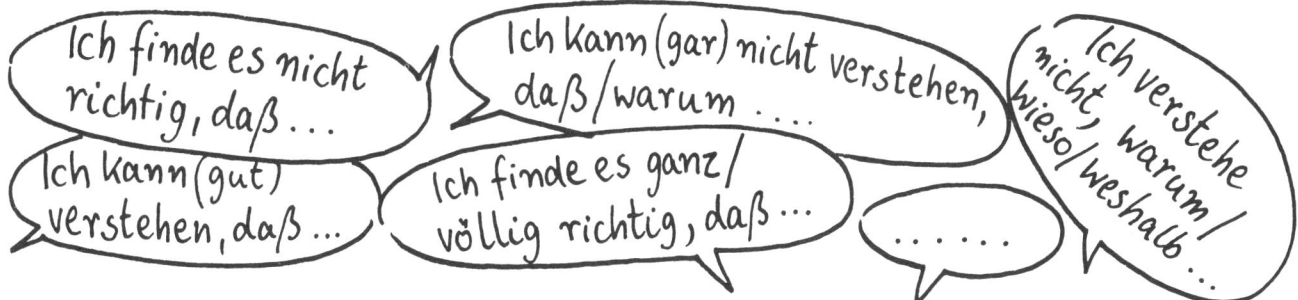

- Ich finde es nicht richtig, daß ...
- Ich kann (gut) verstehen, daß ...
- Ich kann (gar) nicht verstehen, daß/warum ...
- Ich finde es ganz/völlig richtig, daß ...
- ......
- Ich verstehe nicht, warum/wieso/weshalb ...

Ü 11 1. Erzählen Sie etwas über die Person, deren Hände man auf dem Foto sieht. Was denken Sie?

2. Schreiben Sie auf, was Sie eben mündlich erzählt haben:

Ich denke, daß diese Hände ...

Ü 12 a) Lesen Sie ein Gedicht von Kurt Tucholsky (*1890 †1935; weitere Informationen im *Lehrbuch*, 23A4); es ist im Berliner Dialekt geschrieben.
Daneben steht eine Übersetzung ins Hochdeutsche:

Mutterns Hände

Hast uns Stulln jeschnitten
un Kaffee jekocht
    un de Töppe rübajeschohm –
5 un jewischt un jenäht
un jemacht un jedreht ...
    alles mit deine Hände.

Hast de Milch zujedeckt
uns Bonbons zujesteckt
10   un Zeitungen ausjetragen –
hast die Hemden jezählt
und Kartoffeln jeschält ...
    alles mit deine Hände.

Hast uns manches Mal
15 bei jroßen Schkandal
    auch 'n Katzenkopp jejeben.
Hast uns hochjebracht.
Wir warn Stücker acht,
sechse sind noch am Leben ...
20   alles mit deine Hände.

Heiß warn se un kalt
nu sind se alt
    nu bist du bald am Ende.
Da stehn wa nu hier
25 und denn komm wir bei dir
    und streicheln deine Hände.

Mutters Hände

A Du hast uns manches Mal,
wenn wir großen Ärger gemacht hatten,
einen "Katzenkopf" gegeben.
Du hast uns großgezogen.
Wir waren acht Kinder,
sechs sind noch am Leben ...
alles mit Deinen Händen.

B Heiß waren sie und kalt,
nun sind sie alt,
nun bist du bald am Ende.
Da stehen wir nun hier,
und dann kommen wir zu dir
und streicheln Deine Hände.

C Du hast die Milch zugedeckt,
uns heimlich Bonbons zugesteckt
und Zeitungen ausgetragen –
hast die Hemden gezählt
und Kartoffeln geschält ...
alles mit Deinen Händen.

D Du hast uns Brote geschnitten
und Kaffee gekocht
und die Tassen rübergeschoben –
und gewischt und genäht
und gemacht und gedreht ...
alles mit Deinen Händen.

1. Welche hochdeutsche Strophe (rechts) gehört zu welcher Strophe von Tucholskys Gedicht (links)?

①	②	③	④

2. Notieren Sie einige Unterschiede zwischen dem Berliner Dialekt und dem Hochdeutschen.

1. Das "g" im Hochdeutschen ...

b) Lesen Sie das folgende Gedicht von Bettina Wegner, das zugleich der Text eines ihrer Lieder ist:

2 *Ich tob mich ... aus*: Ich bin wild und laut

6 *adrett*: sauber und ordentlich

13 *versaut*: (hier) verboten

Bettina Wegner wurde 1947 in Berlin-Ost (DDR) geboren. Sie besuchte dort die Schauspielschule, mußte diese aber verlassen, weil sie öffentlich gegen die Intervention mehrerer Staaten des Warschauer Pakts in der Tschechoslowakei (1968) protestiert hatte. 1971/72 arbeitete sie im Ostberliner Zentralen Studio für Unterhaltungskunst. 1976 kam sie nach Berlin-West, wo sie als Liedermacherin bekannt geworden ist.

Ich bin doch ein Kind

Ich tob mich gern aus
da schmeißt man mich raus
Ich mach mich nicht fein
schon bin ich ein Schwein
nicht hübsch und adrett
nicht artig und nett

Ich pfeife und lach
das macht zuviel Krach
und mach ich mal Dreck
da schickt man mich weg
Ich bin gern mal laut
das wird mir versaut

Ich springe und belle
da krieg ich ne Schelle
bin dumm, wenn ich weine
und komm an die Leine
wenn ich nicht gleich höre
und andere störe

Und wenn ich was will
dann heißt es: Sei still
Du hast nichts zu wollen
Mensch, leckt mir die Bollen
Auch, wenn euch das stinkt:
Ich bin doch ein Kind!

15 *krieg ich ne Schelle*:

23 *Mensch, leckt mir die Bollen*: Macht, was ihr wollt, mir ist das egal

1. Welches der Gedichte a) und b) stimmt inhaltlich mit dem „Lied der Kinder" (*Lehrbuch*, 18A3) weitgehend überein?

2. Suchen Sie einige vergleichbare Stellen in beiden Texten und notieren Sie:

"Lied der Kinder" (Lehrbuch)	.... (Arbeitsbuch)
1.	

18A SPRACHE IN TEXTEN II

4-5 Ü13 1. Ergänzen Sie den folgenden Lückentext so, daß ein guter Text entsteht. Setzen Sie in jede Lücke eines der rechts angegebenen Wörter ein.

(1) **Ein** Löwe und (2) **Eine** Maus

Nach einer Fabel des Äsop neu erzählt von Käthe Recheis

(3) **Der** Löwe lag im Schatten (4) **eines** Baumes und schlief. (5) **Einige** Mäuse liefen neugierig zu (6) **ihm** hin, und weil sich (7) **das** schlafende mächtige Tier nicht bewegte, hüpfte eine der Mäuse zwischen (8) **seine** Pranken. Da wurden auch die (9) **anderen** mutig, und bald tanzten alle Mäuse auf (10) **dem** schlafenden König der Tiere.

(11) **Die** tanzenden Mäuse auf (12) **seinem** Körper aber weckten (13) **den** Löwen auf; er schüttelte sich unwillig und fing eine von (14) **ihnen** mit seiner Pranke. Es war jene Maus, die sich als erste zu ihm gewagt hatte. Nun, unter (15) **der** gewaltigen Pranke des Löwen zitterte (16) **die** Maus wohl vor Furcht, versuchte aber, (17) **sich** nicht zu zeigen, und rief: "Ich bitte dich, schone (18) **mein** Leben! Ich will es dir mit (19) **einem** Gegendienst vergelten." Der Löwe hob verdutzt seine Pranke und mußte wider Willen über (20) **die** dreiste Rede des kleinen Tierchens lachen und ließ es laufen.

Einige Zeit später geriet (21) **der** Löwe in (22) **die** Falle. Es war aber nicht fern jener Stelle, wo die Maus in (23) **dem** Erdloch lebte. Als sie (24) **den** Löwen hilflos in den Netzen der Jäger sah, lief (25) **sie** zu ihm und nagte mit ihren spitzen Zähnen (26) **die** Schlinge entzwei. Dadurch lösten sich die (27) **vielen** Knoten, und (28) **der** Löwe konnte (29) **das** Netz zerreißen und war wieder frei. Keiner ist so schwach, daß er nicht auch einmal (30) **dem** Starken helfen könnte.

Gut gemacht!

2 **Äsop:** unter diesem Namen ist eine Sammlung von etwa 300 Fabeln aus der späten Antike erhalten

3 **der Schatten:**

6 **die Pranke:** Fuß einer großen Wildkatze

10 **schüttelte sich unwillig:** bewegte sich schnell und ärgerlich hin und her

14 **vor Furcht:** aus Angst

16 **Ich will es dir mit einem Gegendienst vergelten:** Ich will dir zum Dank auch helfen

17 **verdutzt:** überrascht

18 **dreist:** frech

21 **die Falle:**

22 **das Erdloch:**

24 **die Schlinge:**

25 **der Knoten:**

18A

1. a) Der b) Ein	6. a) dem b) ihm	11. a) Die b) Einige	16. a) die b) eine	21. a) der b) ein	26. a) die b) eine
2. a) die b) eine	7. a) das b) ein	12. a) einem b) seinem	17. a) es b) sich	22. a) die b) eine	27. a) anderen b) vielen
3. a) Der b) Ein	8. a) die b) seine	13. a) den b) einen	18. a) das b) mein	23. a) dem b) ihrem	28. a) der b) ein
4. a) des b) eines	9. a) anderen b) Mäuse	14. a) allen b) ihnen	19. a) dem b) einem	24. a) den b) einen	29. a) das b) ein
5. a) Die b) Einige	10. a) dem b) einem	15. a) der b) einer	20. a) die b) eine	25. a) er b) sie	30. a) dem b) einem

2. Lesen Sie den kompletten Text laut.

Ü14 1. Ergänzen Sie bitte folgenden Text so, daß daraus ein guter Text wird.

Frederik Hetmann

Schwester Gans und Bruder Fuchs

Schwester Gans schwamm einst auf ① _____ See, und ② _____ alte Bruder Fuchs verbarg sich hinter den Weidensträuchern. Langsam schwamm Schwester Gans gegen ③ _____ Ufer hin. Als ④ _____ nahe genug herangekommen war,
5 sprang Bruder Fuchs aus ⑤ _____ Versteck hervor, um ⑥ _____ zu fangen. "So, ⑦ _____ Gans", sprach ⑧ _____, "jetzt habe ich dich. Du bist auf ⑨ _____ See geschwommen, und das nicht zum ⑩ _____ Male. Heute habe ich dich endlich gefaßt. Ich werde dir jetzt das Genick umdrehen und dich auffressen." "Immer langsam, ⑪ _____ Fuchs", antwortete ⑫ _____ Gans. "Ich habe doch
10 wohl ⑬ _____ gleiche Recht, auf ⑭ _____ See zu schwimmen wie du! Falls du das bezweifelst, wollen wir vor Gericht gehen; und ⑮ _____ soll geklärt werden, ob du ⑯ _____ Recht dazu hast, mir ⑰ _____ Genick umzudrehen und mich aufzufressen."
Und so gingen ⑱ _____ vor Gericht. Aber als sie ⑲ _____ hinkamen, was
15 mußte ⑳ _____ Gans da erleben! Der Sheriff war ㉑ _____ Fuchs, der Richter war ㉒ _____ Fuchs, ㉓ _____ Staatsanwälte waren Füchse; und die Geschworenen waren auch ㉔ _____. ㉕ _____ verhörten die Gans, verurteilten sie und ließen ㉖ _____ hinrichten und nagten gemeinsam die Gänseknochen ab.
Nun Kinder, hört ㉗ _____ gut zu: Wenn ㉘ _____ Leute, die man auf den
20 Gerichten antrifft, Füchse sind, und unsereiner ist nur eine ganz gewöhnliche Gans, dann braucht ihr ㉙ _____ Gerechtigkeit für ㉚ _____ armen Neger zu erwarten.

3 Weidensträucher: Büsche; *5 das Versteck:* Platz, wo man jemanden nicht sehen kann; *8 das Genick:* Hals; *15 der Richter:* Person, die im Gericht entscheidet; *16 der Staatsanwalt:* juristischer Beamter, der eine Tat im Gericht untersucht und verfolgt; *18 nagten ab:* fraßen das Fleisch von .....

2. Lesen Sie den kompletten Text laut.

18A  SIT

Auf der Polizeiwache

Ü1 Wählen Sie zwei der folgenden Situationen aus und ergänzen Sie die Sprechblasen.

① Die beiden Mädchen kommen nach Hause und erzählen ihren Eltern, was sie erlebt haben:

② Die beiden Gangster kommen zufällig in dieselbe Zelle im Gefängnis. Sie besprechen miteinander, was für ein Pech sie gehabt haben und was sie "nächstes Mal" anders machen wollen:

③ Nach der Aufregung auf der Polizeiwache geht die Dame mit Brille erst einmal ins Café. Dort trifft sie eine Freundin und erzählt ihr, was ihr heute passiert ist:

Landschaften und Literatur I

Ü1 Erzählen Sie die Geschichte vom „Rattenfänger von Hameln" mit Ihren eigenen Worten. Machen Sie sich vorher Notizen:

Hameln	„Rattenfänger" als Rattenfänger	„Rattenfänger" als Kinderfänger
- an der Weser	- bunte Kleider	- ...
- ...	- ...	- ...
- ...	- ...	- ...

Ü2 In der Sage „Der Rattenfänger von Hameln" folgten Kinder dem Rattenfänger, weil er so schön Flöte spielte.
Heute gibt es einige Leute, die z. B. Popstars für „Rattenfänger" halten.

1. Wen halten *Sie* für einen „Rattenfänger"?

„Rattenfänger"	Warum?

2. Vergleichen Sie Ihre Ergebnisse in der Gruppe und diskutieren Sie.

18B — GR

2 Ü1 Sätze als Ergänzungen. Ergänzen Sie bitte.

1. Knut dachte, _____ Ullas Studium der Grund war.
2. _____ Knut Alina versorgte, war gut für sie.
3. Können Sie mir sagen, _____ Herr Neumann kommt?
4. Wissen Sie, _____ der Deutschkurs beginnt?
5. Ich weiß nicht, _____ Herr Wagner arbeitet.
6. Er fragte sie, _____ sie gleich Kinder wollten.
7. Wenn Sie mir mitteilen, _____ Sie kommen, hole ich Sie vom Bahnhof ab.
8. Teilen Sie mir bitte mit, _____ Sie kommen oder nicht.
9. Schreiben Sie bitte auf, _____ und _____ Sie geboren sind.
10. Es kommt darauf an, _____ man das will oder nicht.
11. Ich habe nicht bemerkt, _____ ich zu schnell gefahren bin.
12. Könnten Sie mir bitte sagen, _____ ein Zimmer mit Frühstück kostet?
13. Ich kann mich nicht mehr erinnern, _____ wir darüber geredet haben.
14. Haben Sie das Gefühl, _____ sich Ihr Leben durch die Geburt Ihres Kindes verändert hat?
15. Es fing damit an, _____ ich halbe Tage von der Arbeit zu Hause blieb.

18B — WS

3 Ü2 Schreiben Sie etwas über sich, Ihre Lebensdaten und Ihre Verwandtschaft. Sie können dabei folgende Wörter und Ausdrücke verwenden:

Großeltern · Enkel(in) · Schwester · Nichte · Sohn · Cousin(e) · Großvater · Tante · Mutter · Vetter · Neffe · Onkel · Bruder · Vater · Eltern · Großmutter

Muttersprache · Vaterland · Elternhaus · verwandt · heiraten · Ehe · verheiratet · Trennung · geschieden · ledig · Hochzeit · getrennt

Vater/Mutter werden · Großmutter/Opa werden · ein Kind bekommen

Todesjahr · Geburtsort · Jahrgang · Todestag · Geburtsdatum

Ich bin am _____ in _____ geboren.

Aus dem Leben eines Taugenichts

Ü1 Welche Begriffe passen zu diesem Bild? Kreuzen Sie an:

schön
häßlich
kitschig
Ruhe
Lärm
Abenteuer
Liebe
gute Stimmung
Stadt
Land
alt
neu
hell
dunkel
gefühlvoll

gemütlich
Sommer
Herbst
Winter
Frühling
Sonne
Regen
Sturm
Gewitter
heute
früher
reich
arm
zufrieden
romantisch

Ü2 a) Ordnen Sie die vier Zeichnungen so, daß sie mit dem Ablauf im Text (*Lehrbuch*, 19A1a) übereinstimmen.

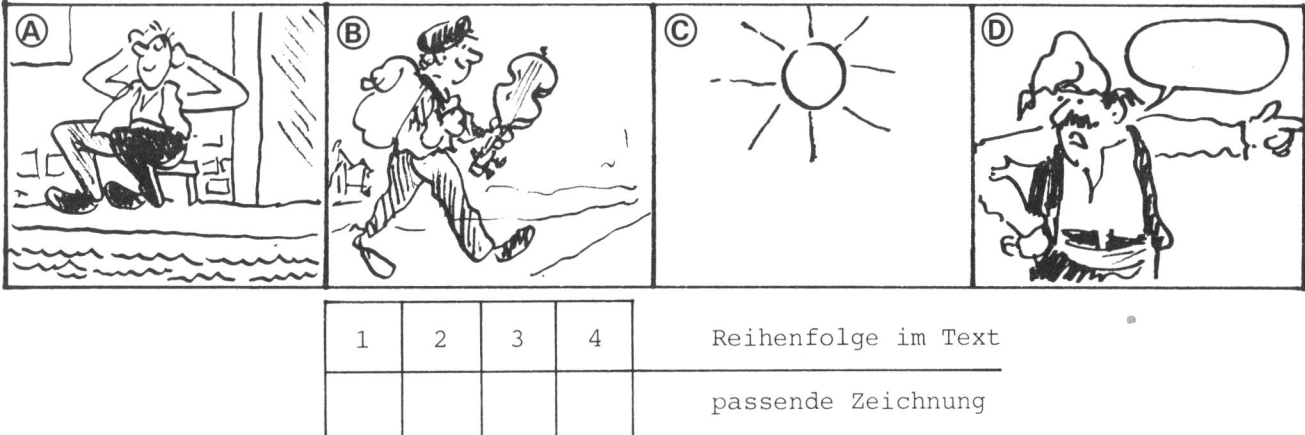

1	2	3	4	Reihenfolge im Text
				passende Zeichnung

b) Beschreiben Sie, was auf den Zeichnungen zu sehen ist. Benutzen Sie u.a. diese Wörter und Ausdrücke:

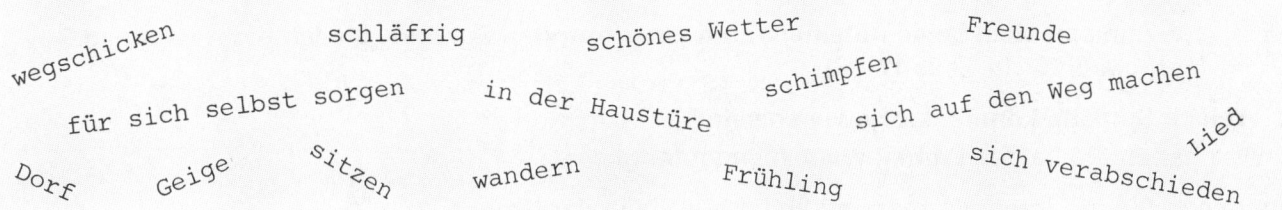

19A

Ü 3 Wer könnte was gesagt oder gedacht haben? Kreuzen Sie an:

	der Taugenichts	die junge Dame	die ältere Dame	der Kutscher	Leute aus dem Dorf
1.					
2.					
3.					
4.					
5.					
6.					
7.					
8.					
9.					
10.					
11.					

Sprechblasen:
1. „Sieh dir mal den jungen Mann da an!"
2. „Dieser junge Bursche läuft da mitten auf der Straße und singt wie ein Wahnsinniger!"
3. „Ich hab's gut! Ich brauche zum Glück nicht zu arbeiten!"
4. „Halten Sie mal an!"
5. „Der junge Mann weiß wenigstens, wie man sich benimmt!"
6. „Die Jüngere gefällt mir besser..."
7. „Wollen wir ihn mitnehmen?"
8. „Immer dasselbe: Diese Frauen fliegen auf den erstbesten Mann!"
9. „Hoffentlich laden die beiden mich ein mitzufahren."
10. „Der sieht aber gut aus!"
11. „Seht Euch den Faulpelz an! Was der für ein Glück hat!"

Ü 4 „... nun sprachen beide miteinander in einer fremden Sprache, die ich nicht verstand."
(*Lehrbuch*, 19A1b, Zeile 17–18)

1. Welche Sprache könnte das gewesen sein?
2. Was haben die beiden Damen wohl zueinander gesagt?

Überlegen Sie mit Ihrem Partner und berichten Sie in der Gruppe.

Das zerbrochene Ringlein

19A

Ü5 Welche dieser drei Bilderfolgen stimmt mit dem Inhalt des Gedichts (*Lehrbuch*, 19A2) überein?

2

Tülin Emircan
Entfremdung

3

Ü6 Was erfährt man aus dem Text *Entfremdung* (*Lehrbuch*, 19A3) über „Ich" und über „Du"?
Ergänzen Sie:

Das ist ganz sicher.

„ICH"	„DU"
• ein Mädchen oder eine Frau	• ein ....
• aus	• aus ....
•	• ....

Das vermute ich.

•	• ....
•	• ....
•	• ....

19A — Lernen – wozu?

4 Ü7 Welche der drei Skizzen (rechts) paßt zu dem Text?

Kreuzen Sie an:

☐ Ⓐ   ☐ Ⓑ   ☐ Ⓒ

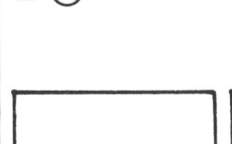

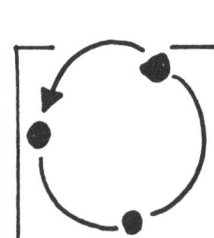

5

Ü8 In welchen Zeilen des Textes (*Lehrbuch*, 19A5) steht das?

	Zeile(n):
1. Die Lehrer müssen unterrichten, was vorgeschrieben ist.	
2. Die Lehrer sind schlecht ausgebildet.	
3. Ich lerne Fakten für kurze Zeit auswendig.	
4. Die meisten Lehrer setzen keine eigenen Materialien im Unterricht ein.	
5. Die Lehrer sind oft nicht sicher in ihrem Fach.	
6. Mit den Noten habe ich daheim keine Probleme.	
7. Latein habe ich schwer gefunden.	
8. Unsere Bücher sind veraltet.	
9. Lehrer reagieren manchmal zu emotional auf Schüler.	
10. Es kommt vor, daß ein Schüler sowohl von den Klassenkameraden als auch von den Lehrern gequält wird.	

Ü 9 Bearbeiten Sie die Aufgabe a) oder b) oder c): Schreiben Sie einen Dialog.

55 Ich hatte einmal eine Apfelsaftflasche vor mir auf dem Tisch. Der Lehrer hat fürchterlich losgebrüllt, richtig beleidigend. So ein Desinter-
60 esse hätte er noch nie erlebt, und ich soll sofort die Schule verlassen. Da hat mir keiner geholfen, die Klassensprecherin hat sich versteckt.

a) Anouschkas Lehrer kommt mittags nach Hause und erzählt seiner Frau die Sache mit dem Apfelsaft.

b) Einen Tag später spricht Anouschka mit der Klassensprecherin über das Ereignis.

c) Zwanzig Jahre später: Auf einem Klassentreffen kommt Anouschka mit ihrem ehemaligen Lehrer ins Gespräch; natürlich sprechen sie auch über die Apfelsaft-Geschichte.

Arbeitsmarkt und Berufswünsche 6

Ü 10 Richtig oder falsch? Bitte stellen Sie das anhand der Texte ①–③ (*Lehrbuch*, 19A6) fest und kreuzen Sie an.

	Richtig	Falsch
1. Fast jeder Junge, der eine Kraftfahrerausbildung macht, kann auch wirklich Kraftfahrer werden.		
2. Mädchen haben als Köchin wenig Chancen auf dem Arbeitsmarkt.		
3. In Bank- und Büroberufen bekommen Mädchen leichter eine Stelle als Jungen.		
4. Für Jungen lohnt es sich keinesfalls, eine Lehre als Koch zu machen.		
5. Technische Berufe werden mehr von Jungen als von Mädchen gewählt.		
6. Hauptschüler(innen) wählen in der Regel weniger kaufmännische Lehrberufe als die Gymnasiasten.		
7. Junge Frauen möchten am liebsten Naturwissenschaften und Technik studieren.		
8. Kultur- und Sprachwissenschaften sind kein sehr häufiger Studienwunsch bei jungen Männern.		
9. Das Sportstudium ist bei beiden Geschlechtern sehr beliebt.		

19A

Ü 11 Was können Sie aus den folgenden drei Zeitungsausschnitten entnehmen?

Die in 19A6 (*Lehrbuch*) dargestellte Situation des Arbeitsmarktes für junge Leute

☐ bleibt ungefähr gleich.
☐ verändert sich kräftig.

▶ **Begründen Sie Ihre Meinung mit Beispielen aus den Texten.**

Meinung und Nachricht — Dienstag, 29. Septemb[er]

Experten klagen: Fehlqualifizierung der Jugend nimmt zu / Über eine Million Ungelernte bis 20 Jahre

Zu viele Bäcker, Fleischer und Friseusen

Bonn (dpa). Ohne einschneidende Kursänderung...

Zahl der freien Ausbildungsplätze nimmt...

Gesucht: Mehr Frauen mit Mut zur Technik

Von Heidi Hagen

Bocholt (Eig. Ber.). „Wenn bei uns zu Hause was kaputtgeht, dann reparieren mein Bruder und ich den Schaden gemeinsam." Sonja Bat... ist Feinmechanikerin im dritten Ausbildungsjahr bei der Zweigniederlassung der Firma Siemens in Bocholt. Bereut hat sie ihren Entsch...

Vier von fünf neuen Stellen besetzte das „schwache Geschlecht"

Der Computer schafft in erster Linie für Frauen Arbeitsplätze

Nürnberg (dpa/VWD). Obwohl Frauen in den vergangenen Jahren von der Arbeitslosigkeit stärker betroffen waren als Männer, wurden vier von fünf neugeschaffenen Arbeitsplätzen von Frauen besetzt. Nach der Statistik für die Beschäftigungsentwicklung der Bundesanstalt für Arbeit in Nürnberg entfielen zwischen 1983 und 1985 von den bundesweit neugeschaffenen 200 000 Arbeitsplätzen 81 % (161 000) auf Frauen und nur 19 % (39 000) auf Männer.

Ü 12 Der einleitende Text (*Lehrbuch*, 19A7) informiert Sie über die Buchhändlerin und Studentin Anne G.

1. Füllen Sie die Tabelle aus:

	Was Sie aus dem Text über Anne G. <u>erfahren</u> bzw. was Sie jetzt über sie <u>vermuten</u>:
Warum Französisch- und Spanisch-Studium?	
Staatsangehörigkeit	
Geburtsland und -ort	Land: Ort:
Muttersprache	
Weitere Sprachen	
Schule(n)	
Weitere Ausbildung	
Urteil über naturwissenschaftliche Fächer	
Warum Buchhändlerin?	
Pläne für die Zukunft?	
Hobbys	
Freunde	

 2. Hören Sie nun das Interview mit Anne.

3. Kreuzen Sie nach dem Hören an, welche Ihrer Vermutungen richtig waren.

Ü 13 Hören Sie das Interview mit Anne G. noch einmal in Abschnitten.
Was sagt Anne? Kreuzen Sie an.

	Ja, das sagt sie.	Nein, das sagt sie nicht!
1. Sie studiert Französisch als Hauptfach.		
2. Die Vergleichende Literaturwissenschaft behandelt Texte aus einer Sprache.		
3. Französisch konnte Anne schon vor ihrer Schulzeit.		
4. Sie studiert Spanisch, weil das für ihren späteren Beruf nützlich sein könnte.		
5. Anne hat viele Jahre in Bonn gelebt.		
6. Deutsch ist ihre Muttersprache.		
7. Sie möchte später Lehrerin für Fremdsprachen werden.		
8. In naturwissenschaftlichen Fächern ist sie nicht so gut.		
9. Sie arbeitet jetzt ab und zu in Verlagen.		
10. Nach dem Abitur wollte sie am liebsten sofort studieren.		
11. Im Buchhandel hat sie gelernt, was für Bücher die Leute gerne kaufen bzw. nicht kaufen.		
12. Nach ihrem Studium möchte Anne weiter in einer Buchhandlung arbeiten.		
13. Ihr Vater bezahlt ihr den größten Teil ihres Studiums.		
14. Anne sieht ihre Zukunft ziemlich positiv.		

Ü 14 Sehen Sie sich die Dokumente über Anne G. (*Lehrbuch*, 19A7) genau an und machen Sie Notizen:

Schule

- Name(n): _____
- Wo: _____
- Fächer: _____
- Punkte/Noten: _____

Berufsausbildung

- Firmen/Institutionen: _____
- Wo: _____
- Fächer: _____
- Punkte/Noten: _____

19A

8 Ü15 **Was bietet die Volkshochschule Hildesheim an, was nicht?**
Kreuzen Sie an.

	+	−
1. Fremdsprachen lernen		
2. Mit einer Kamera umgehen		
3. Mit Computern umgehen		
4. Blumen binden		
5. Den Garten richtig pflegen		

	+	−
6. Das Gedächtnis schulen		
7. Gesund leben lernen		
8. Komplette Schulbildung nachholen		
9. Büromaschinen bedienen		

Ü16 An der VHS Hildesheim werden drei Grundstufenkurse für Italienisch angeboten. Was ist in diesen Kursen *gleich*, was ist *unterschiedlich*? Machen Sie Notizen.

Italienisch
Grundstufe

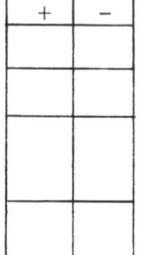 **5.411**

Italienisch I,1 »am Tage«
Dozentin: Giuseppina Keil
Ab 27. Januar 1988, wöchentlich mittwochs, 8.30 bis 10.45 Uhr, ca. 15 Vormittage. — Gebühr: DM 99,--. Tennisclub, Mendelsonstr. 2.
Dieser Kurs für Anfänger ohne Vorkenntnisse gibt eine Einführung in die italienische Sprache. Neben Hör- und Leseverständnis werden vorrangig Sprechfertigkeit und Wendungen der Alltagssprache behandelt und geübt.

5.412

Italienisch I,1
Dozent: Leonardo Civale
Ab 8. Februar 1988, wöchentlich montags und mittwochs, 20.00 bis 21.30 Uhr, ca. 30 Abende. — Gebühr: DM 132,--. FLS, Raum 111.
Parallelkurs zu Kurs-Nr. 5.411

5.413

Italienisch I,1
Dozent: Michele Lodeserto
Ab 25. Januar 1988, wöchentlich montags und donnerstags, 20.00 bis 21.30 Uhr, ca. 30 Abende. — Gebühr 132,--. FLS, Raum 212.
Parallelkurs zu Kurs-Nr. 5.411

GLEICH:
5.411 / 5.412 / 5.413
- Italienisch
- Grundkurs
- …

UNTERSCHIEDLICH:

5.411	5.412	5.413
• fängt am 27.1.88 an • …	• …	• …

SPRACHE IN TEXTEN III

Interview mit der Buchhändlerin und Studentin Anne G.

Anne (23) studiert in München Französisch, Spanisch, Neuere Deutsche Literatur und Vergleichende Literaturwissenschaft. Sie hat die ersten zehn Jahre ihres Lebens in Frankreich verbracht, aber ihre Muttersprache ist Italienisch. Im Alter von zwölf ist sie mit ihren Eltern nach München gekommen, wo sie nach ihrem Abitur zunächst gejobbt hat. Danach war sie in einem Pariser Verlag tätig. Anschließend hat sie in München eine Lehre als Buchhändlerin gemacht. Nach Abschluß der zweijährigen Ausbildung hat sie ihr Studium in München begonnen.

Anne denkt, daß sie gute Chancen hat, ihr Berufsziel zu erreichen: Redakteurin in einem Verlag. Und zwar wegen ihrer Fremdsprachenkenntnisse, ihrer Berufsausbildung und ihrer Berufserfahrung. Was ihr dazu noch fehlt, ist ein abgeschlossenes Hochschulstudium.

Ü17 Suchen Sie weitere Rückverweise auf Anne im Text und markieren Sie diese farbig. Vergleichen Sie Ihre Ergebnisse in der Gruppe.

Ü18

1. Welche Informationen finden Sie in der Überschrift?
2. Vergleichen Sie diese Informationen mit dem Inhalt des Artikels.
3. Suchen Sie Ketten durch den Text, z. B.:

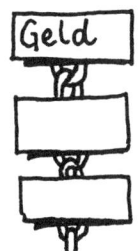

4. Vergleichen Sie die Tempusformen in der Überschrift und im Artikel selbst.

Auf Ruhebank 100 000 Mark vergessen

Nürnberg (dpa) – Reiche Beute machte der Finder einer Plastiktüte in der Nürnberger Innenstadt. In dem unscheinbaren Paket befanden sich 100 000 Mark, die eine Rentnerin auf dem Weg zu einem Geldinstitut auf einer Ruhebank vergessen hatte. Die 71jährige wollte das mühsam Ersparte für ihre Enkelkinder anlegen.

19A SIT

1 Öffentliche Verkehrsmittel: Flughafen

Ü1 Ergänzen Sie den Dialog.

- Ich kann meinen _____ nicht finden!
- _____
- _____

o Ist das wirklich Ihr Koffer?

o Dann müssen wir den Koffer eben aufbrechen!

Ü2 Zwei Tage später läutet bei der Lufthansa-Gepäckabteilung in Hannover das Telefon. Ergänzen Sie das Telefongespräch.

- Lufthansa, Gepäckabteilung.
- Haben Sie den Gepäckschein noch? Ich brauche die Nummer.
- Und Sie haben noch nichts gehört?
- Wie sieht der Koffer aus?
- Ich sehe mal nach. Augenblick .....
- _____

o Hier Wilms. Vorgestern _____ _____ Ist mein Koffer schon da?

o Also mal sehen ..... ja, das ist _____ _____.

o _____

o _____

o _____

o _____

 **GR** _____ **19B**

Ü1 Ersetzen Sie bitte die Dativergänzung und die Akkusativergänzung durch ein Personalpronomen.

Beispiel: Rocka zeigt ihrem Freund das neue Buch.

a) _Rocka zeigt ihm das neue Buch._ b) _Rocka zeigt es ihm._

1. Mein Vater hat seinem Bruder eine Kiste Zigarren geschenkt.
a) _____ b) _____

2. Ich habe meinen Eltern das Wohnzimmer tapeziert.
a) _____ b) _____

3. Anne G. hat ihrer Mutter eine schöne Kette gekauft.
a) _____ b) _____

4. Das Mädchen hat ihrem Freund einen Ring gegeben.
a) _____ b) _____

5. Hast du deiner Freundin das Geld schon zurückgegeben?
a) _____ b) _____

Ü2 Schreiben Sie zu jeder Aufgabe drei verschiedene Sätze. Dabei soll immer ein anderes Satzglied im Vorfeld stehen.

1. ich - können - kommen - heute - leider - nicht
a) _____
b) _____
c) _____

2. er - morgen - können - uns - helfen - vielleicht
a) _____
b) _____
c) _____

3. der Arzt - haben - mir - das Rauchen - verboten - ab sofort
a) _____
b) _____
c) _____

4. Johann - geschrieben haben - gestern - seiner Freundin - einen Brief
a) _____
b) _____
c) _____

5. wir - werden - umziehen - im Februar - nach Köln
a) _____
b) _____
c) _____

19B WS

Ü 3 Wie heißen diese Berufe?

Das tut er/sie im Beruf:

1. Brot backen
2. einem Arzt helfen
3. Bücher verkaufen
4. einen Betrieb leiten
5. bei einer Bank arbeiten
6. Kleidung nähen
7. Kinder unterrichten
8. Kranke pflegen
9. Autos reparieren
10. Lebensmittel verkaufen
11. Ratten fangen

So heißt der Beruf:

_____
_____
_____
_____
_____
_____
_____
_____
_____
_____
_____

Ü 4 Was tun die Leute in diesen Berufen?

Das tut er/sie im Beruf:

1. _____
2. _____
3. _____
4. _____
5. _____
6. _____
7. _____
8. _____
9. _____
10. _____

So heißt der Beruf:

1. Gärtner(in)
2. Optiker(in)
3. Musiker(in)
4. Koch/Köchin
5. Metzger
6. Chemiker(in)
7. Müller(in)
8. Arzt/Ärztin
9. Friseur/Friseuse
10. Maurer

Ü 5 Mini-Umfrage: Fragen Sie mindestens drei Kursteilnehmer(innen) aus Ihrer Gruppe.

1. Welche Fächer haben Sie in der Schule gehabt?
2. Welche haben Sie gemocht, welche nicht?
3. Welche Fächer interessieren Sie heute noch?

20A

Interview mit Gerlinde Geffers

Ü1 Hören Sie Abschnitt ① des Interviews. Im Leben von Gerlinde Geffers gab es verschiedene „Stationen" – wie ist die richtige Reihenfolge?

A. Gerlinde Geffers hat in Italien Deutsch unterrichtet.

B. Sie hat beim Fernsehen gearbeitet.

C. Sie hat das Abitur gemacht.

D. Sie hat sich bei einem privaten Rundfunksender in Hannover beworben.

E. Sie hat an einer Pädagogischen Hochschule studiert.

F. Sie hat anderthalb Jahre in der Schule unterrichtet.

G. Sie hat ein Jahr lang für eine Alternativzeitung gearbeitet.

H. Es gab für Sie keine feste Stelle in Ihrem Beruf als Lehrerin.

1	2	3	4	5	6	7	8

Reihenfolge ...
... der Lebensstationen

Ü2 Was hat Gerlinde Geffers bis jetzt gemacht? Verwenden Sie beim Schreiben die Sätze A–H aus Ü1.

1. Zuerst hat Gerlinde _____.
2. Dann hat _____.
3. Danach _____.
4. _____.
5. _____.
6. _____.
7. Schließlich _____.
8. Und jetzt arbeitet _____.

Ü3 Hören Sie nun Abschnitt ② des Interviews. Was können Sie über die jetzige berufliche Tätigkeit von Gerlinde Geffers berichten? Schreiben Sie bitte.

1. Gerlinde findet, daß ihr Beruf ....
2. Sie sagt, daß sie ....
3. Sie hat das Gefühl, daß ...
4. Sie findet es wichtig, daß ...
5. Sie meint, daß ihr Beruf ...

20A

Ü 4 In Abschnitt ③ des Interviews ist von dem privaten Sender *ffn* die Rede.

Vergleichen Sie die Informationen dieses Hörtextes mit den folgenden 8 Behauptungen. Welche stimmen, welche nicht? Kreuzen Sie an.

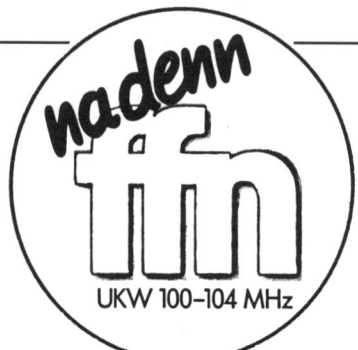

	Stimmt	Stimmt nicht
1.		
2.		
3.		
4.		
5.		
6.		
7.		
8.		

1. *ffn* hat direkte Verbindung zu wichtigen Politikern.
2. *ffn* wird durch Rundfunkgebühren finanziert.
3. *ffn* braucht nicht auf politische Interessen Rücksicht zu nehmen.
4. *ffn* hat die Möglichkeit, schnell über aktuelle Ereignisse zu berichten.
5. *ffn* wird öffentlich kontrolliert.
6. Das Programm von *ffn* ist ausgewogen.
7. *ffn* bietet kein Magazinprogramm an.
8. Bei *ffn* gibt es keine "innere Zensur".

Ü 5 Hören Sie nun bitte Abschnitt ④ des Interviews.

1. Ergänzen Sie während oder nach dem Hören die fehlenden Wörter.

> *ffn* lebt ganz von Werbung (Reklame) – Nachteile?
> Hat Rundfunk Einfluß auf seine Hörer?

1. Der Sender *ffn* lebt ganz und gar von der _____. 2. Es ist ein großer _____, daß der Sender nicht so viel Geld hat. 3. Die _____ müssen für die öffentlich-rechtlichen Sender _____ bezahlen. 4. Bei *ffn* sind die Geldmittel _____. 5. Deshalb gibt es bei *ffn* nicht so viele _____ Möglichkeiten. 6. Und man kann dort nicht unbegrenzt freie _____ bezahlen. 7. In den Sendungen wird jedoch keine _____ auf Werbeträger von *ffn* genommen. 8. Gerlinde Geffers findet deshalb nicht, daß man bei *ffn* von den Werbeträgern _____ ist. 9. Der Rundfunk hat nach Frau Geffers' Meinung nur einen sehr geringen _____ auf seine Hörer. 10. Sie meint, daß vielleicht _____ Sendungen einen gewissen Einfluß auf die Hörer haben könnten.

2. Vergleichen Sie Ihre Ergebnisse in der Gruppe.

20A

Ü6 Hören Sie Abschnitt ⑤ des Interviews und setzen Sie die richtigen Verbformen nach dem Hören ein.

Eigene Themen – Auftragsthemen? Wie bearbeitet Gerlinde Geffers ein Thema?

1. Wenn Gerlinde Geffers Zeitungen li_____ und ihr etwas auff_____, dann ma_____ sie daraus eine Sendung. 2. Wenn es irgend etwas Aktuelles gi_____, wi_____ sie losgeschickt, um darüber eine Sendung zu ma_____. 3. Als Themen wä_____ sie oft Theater- und Filmpremieren oder Veranstaltungen. 4. Es ka_____ auch sein, daß jemand sich an *ffn* we_____. 5. Bevor Gerlinde G. losg_____, inf_____ sie sich möglichst gut. 6. Sie überl_____ sich, welche Fragen interessant s_____. 7. Dann spr_____ sie mit Leuten, die etwas von der Sache ver_____. 8. Dann ni_____ sie das Material, hö_____ es ab und schn_____ die Töne und Texte. 9. So bau_____ sie eine Sendung _____.

auffallen (auf)bauen (ab)hören sein geben (sich) informieren können
lesen losgehen machen nehmen sprechen (sich) überlegen
verstehen wählen (sich) wenden (an) schneiden werden

Ü7 Was würde Gerlinde Geffers gerne an den jetzigen Rundfunk-Programmen ändern und verbessern?
Hören Sie Abschnitt ⑥ des Interviews und verwenden Sie dann beim Schreiben auch die folgenden Wörter:

1. Musik – weniger
2. Wortbeiträge – länger
3. Informationen – mehr
4. 20 Minuten – Information
5. Hörer – zumuten
6. richtige Wortsendungen

Ein neuer Rundfunksender stellt sich vor

Ü8 Schreiben Sie einen kurzen Text über Rundfunksender und -programme in Ihrem Land.
Sie können dabei die folgenden Fragen benutzen:

1. Was für Rundfunksender und -programme gibt es in Ihrem Land?
2. Welche Sender bevorzugen Sie? Warum?
3. Hören Sie viel oder wenig Radio?
4. Wann hören Sie Radio?
5. Was für Sendungen hören Sie am liebsten? Warum?
6. Welche Sendungen mögen Sie *nicht*? Warum?

In meinem Land gibt es ...

20A — Krise bei Kohle und Stahl

4

Ü9 In welchem der vier Texte ①, ②, ③, ④ (*Lehrbuch*, 20A4) steht was? Kreuzen Sie an.

	Texte ①	②	③	④
1. Im Steinkohlebergbau ist seit den 60er Jahren die Zahl der Arbeitsplätze stark zurückgegangen.			X	X
2. Kinder aus Arbeiterfamilien hatten früher fast keine Ausbildungschancen.				
3. Eltern wollen, daß ihre Kinder es später besser haben als sie.				
4. In den Jahren zwischen 1957 und 1970 sind sehr viele Zechen geschlossen worden.				
5. In der Bundesrepublik wird die meiste Kohle im Ruhrgebiet gefördert.				
6. Im Bergbau werden noch mehr Arbeitsplätze verlorengehen.				

Ü10 Bereiten Sie sich darauf vor, in der Gruppe über die Industrie in Ihrem Land zu berichten.

Machen Sie sich vorher Notizen anhand folgender Fragen:

a) – Welche Industrien sind in Ihrem Land besonders wichtig?
   – Gibt es in Ihrem Land bestimmte Gebiete, wo die Industrie konzentriert ist?

b) Wie sind in Ihrem Land die Ausbildungschancen von Kindern aus Arbeiterfamilien?

5 — Aufruf zu friedlichem Miteinander

Ü11 In der Weihnachtsansprache des Bundespräsidenten wurden drei „Problemgruppen" genannt.

1. Welche Gruppen sind das? 2. Welche Probleme haben sie? 3. Wie könnte man helfen?

20A 6

Maschinenschlosser Anke kommt mit den Jungens bestens zurecht

Ü 12

Zu den folgenden Fragen enthält der Text 20A6 (*Lehrbuch*) die richtigen Antworten. Lesen Sie also zu jeder Frage genau im Text nach.
Kreuzen Sie dann das Kästchen vor der richtigen Antwort an; zu jeder Frage gibt es nur *eine* richtige Antwort.

1. Wie hat Anke Semmelroth zu ihrem Beruf als Maschinenschlosserin gefunden? (Zeile 42-51)

   ☐ a) Die Berufsberatung des Arbeitsamts hat ihr diesen Beruf empfohlen.
   ☐ b) Durch einen Eignungstest des Arbeitsamts.
   ☐ c) Sie hat sich selbst bei ihrem Betrieb beworben.

2. "Das war vor gut fünf Jahren" (Zeile 15-16) - welche der folgenden Tätigkeiten fand <u>in den letzten fünf Jahren</u> statt?

   ☐ a) Ihr Praktikum als Friseuse.
   ☐ b) Der Besuch der Schule.
   ☐ c) Die Arbeit als Maschinenschlosserin.

3. Weshalb wird Anke Semmelroth "vorgeführt" (Zeile 24)?

   ☐ a) Weil sie einen ungewöhnlichen Beruf gewählt hat.
   ☐ b) Weil sie besonders hübsch ist.
   ☐ c) Weil ihre Firma weibliche Arbeitskräfte sucht.

4. Weshalb könnten wohl mehr als "84 Mädchen einen Beruf wie sie" (Zeile 36-37) erlernen?

   ☐ a) Das Arbeitsklima wäre dann besser.
   ☐ b) Es gibt genügend Ausbildungsplätze.
   ☐ c) Die Unternehmen brauchen kaum noch Facharbeiter.

5. Was waren für Anke die "unbefriedigenden Erfahrungen mit dem Arbeitsamt" (Zeile 42-44)?

   ☐ a) Der Eignungstest, den sie dort machte, war zu schwer.
   ☐ b) Dort sprach man mit ihr nicht über interessante Frauenberufe.
   ☐ c) Das Arbeitsamt hat ihr bei der Berufswahl nicht wirklich geholfen.

6. "Für 'Westfalia Separator' gibt es keine Hindernisse" (Zeile 51-52). Welcher Grund wird dafür genannt?

   ☐ a) Mädchen sind intelligenter als Jungen.
   ☐ b) Mädchen haben weniger Schwierigkeiten mit Kollegen als Jungen.
   ☐ c) Mädchen arbeiten oft besser als Jungen.

Die Beamten

Ü 13 Wie sind „die Beamten" in Bichsels Geschichte?
Kreuzen Sie an und vergleichen Sie die Ergebnisse in der Gruppe.

Beamte sind
- ○ stolz auf ihre Arbeit
- ○ spritzig
- ○ unhöflich Fremden gegenüber
- ○ pünktlich
- ○ freundlich Kollegen und Chefs gegenüber
- ○ hilfsbereit Bürgern gegenüber
- ○ schnelle Arbeiter
- ○ nach der letzten Mode gekleidet
- ○ fleißig
- ○ höflich zu den Leuten am Schalter
- ○ mißtrauisch
- ○ zu untertänig
- ○ sehr entscheidungsfreudig
- ○ glücklich, wenn sie im Büro sind
- ○ traurige Menschen
- ○ sehr sparsam
- ○ faul
- ○ nicht gerne allein
- ○ ziemlich verschlossen
- ○ Menschen wie alle anderen

Beamte fühlen sich
- ○ auf der Straße verunsichert
- ○ nur glücklich bei der Arbeit
- ○ am Schalter sehr wichtig
- ○ ziemlich nutzlos
- ○ ziemlich mächtig

Beamte haben
- ○ immer viel zu tun
- ○ Angst, Fehler zu machen
- ○ Angst, ihre Stelle zu verlieren
- ○ eine Uniform
- ○ einen Schreibtisch mit Stempeln und Formularen
- ○ keine Kinder
- ○ alle Hut und Mantel
- ○ eine sichere Stelle

An der Grenze

Ü1 1. Wer könnte was sagen? Schreiben Sie eine Liste.

- Bitte!
- Das ist in Ordnung. Gute Fahrt!
- Das ist ein Geschenk für meinen Mann/meine Frau.
- Auf Wiedersehen!
- Hoffentlich läßt er uns so durch!
- Danke. Augenblick bitte.
- Das ist eine Flasche zuviel.
- Ihren Paß, bitte!
- Muß die denn verzollt werden?
- Dafür müssen Sie Zoll bezahlen!
- Aber das ist doch nur eine Flasche!
- Haben Sie etwas zu verzollen?
- Öffnen Sie bitte den Kofferraum.
- Ich glaube nicht.

ZOLLBEAMTER	TOURIST/-IN
Haben Sie etwas zu verzollen? ...	...

2. Machen Sie daraus einen oder mehrere Dialoge.

20 B — GR

1 Ü1 Ergänzen Sie bitte die Präpositionen.

1. Anke S. hat sicher keine schlechten Erfahrungen _____ ihren männlichen Kollegen gemacht.
2. Sie hat kein Interesse _____ typischen Frauenberufen.
3. Sie hat _____ den Jungens weniger Probleme als _____ den Frauen.
4. Der Bundespräsident rief die Bürgerinnen und Bürger _____ einem friedlichen Nebeneinander auf.
5. Das erfordere Solidarität _____ den Schwächeren.
6. Er warnte _____ weiteren Arbeitsplatzverlusten.
7. Ausländer und Behinderte seien _____ der Solidarität der Gesellschaft abhängig.
8. Tülins Freund hatte Sehnsucht _____ der Heimat.
9. Aber nach der Begegnung _____ den Menschen in seiner Heimat fühlte er sich verunsichert.
10. Tülin macht sich Sorgen _____ ihren Freund.

2-4 Ü2 Was hat Anke S. wirklich gesagt oder gedacht? Schreiben Sie die Sätze in direkter Rede.

1. Anke sagte, ein dreiwöchiges Praktikum in einem Frisiersalon habe ihr gereicht. – Anke sagte: "_____."
2. Sie meinte, es liege ihr nicht, anderen Leuten die Haare zu waschen; sie wolle etwas leisten. – Sie meinte: "_____."
3. Sie erzählte, nach unbefriedigenden Erfahrungen mit dem Arbeitsamt sei sie selbst aktiv geworden. – Sie erzählte: "_____."
4. Sie habe sich zwölf Adressen aus dem Telefonbuch herausgesucht. – Sie sagte: "_____."
5. Sie sagte, sie habe keine Probleme mit ihren männlichen Kollegen gehabt. – Sie sagte: "_____."
6. Sie meinte, sie wisse aus Erfahrung, daß sie mit Jungens besser zurechtkomme als mit Frauen. – Sie meinte: "_____."
7. Sie glaubt, wenn die Muskelkraft mal fehle und keine Maschine zur Hand gehe, würden die Männer helfen. – Sie glaubt: "_____."

Ü3 Arbeiten Sie mit dem Wörterbuch:
Suchen Sie möglichst viele Wörter aus der Wortfamilie „fahr-".

Bus- | **Fahr** | -t Busfahrt
Sonder- | | -preis

mit- | **fahr** | -en

Mit- | **Fahr** | -er
Auto- | |

Zwischentest nach dem Muster der Zertifikatsprüfung „Deutsch als Fremdsprache"

SCHRIFTLICHE PRÜFUNG

TEST 1: LESEVERSTEHEN

Lesen Sie zuerst den folgenden Text:

Was ist Glück?

Was ist Glück? Diese Frage ist einer Reihe von jungen Leuten in der Bundesrepublik gestellt worden. Die Antworten auf diese Frage waren eigentlich vorauszusehen. Sie stellen auch die Probleme der heutigen Zeit dar. So berichten viele junge Leute von ihren Sorgen und Schwierigkeiten. Einige beklagten, daß sie keine Arbeit hätten, andere hatten zuwenig Geld, und wieder andere erzählten von ihren persönlichen Problemen mit Freunden und Eltern. Die Mehrzahl der Befragten sorgte sich um die Zukunft.
Vor allen Dingen tauchten Schlagworte wie Arbeitslosigkeit und Weltwirtschaftskrise immer wieder auf. Einige der befragten Jugendlichen hatten gerade keinen Arbeitsplatz. Andere suchten schon lange nach einer Lehrstelle. Die wenigsten hatten das Glück, in dem Beruf ihrer Wahl arbeiten zu können.

Obwohl die Meinung geäußert wurde, daß Geld allein nicht glücklich macht, beklagten sich einige der Befragten über die ihnen zur Verfügung stehende Menge Geld. So geben diese fast alles für den Lebensunterhalt aus. Nur wenig Geld bleibt übrig für Hobbys, Freizeitbeschäftigung oder Kleidung.
Von einigen Befragten wurde auch die Meinung vertreten, daß der Traum vom Glück nur in einer anderen Welt zu realisieren sei. So wurde „Glücklichsein" mit dem Wunsch gleichgesetzt, den Alltag, den Beruf oder das Privatleben vergessen zu können.
Trotz unterschiedlicher Antworten auf die Frage: Was ist Glück? trifft folgende Aussage auf alle Angaben zu: Ein glücklicheres Leben sahen die Befragten in einer Welt frei von Streß und ohne die hier in der Bundesrepublik zur Zeit bestehenden Probleme.

Zu den folgenden 5 Aufgaben gibt Ihnen nur der Text die richtige Antwort!
Lesen Sie also bei jeder Aufgabe nochmals im Text nach. Markieren Sie dann den Buchstaben für die richtige Antwort.
Zu jeder Aufgabe gibt es nur *eine* richtige Lösung:

```
Beispiel: Was steht im Text über die Antworten auf die
          Frage "Was ist Glück?"
             a) Es war ein Problem, Antworten zu bekommen.
          X  b) In den Antworten kann man auch die Probleme von heute erkennen.
             c) Die Antworten waren sehr überraschend.
             d) Die Antworten wurden schon vorher gegeben.

1. Wovon war in den meisten Antworten der jungen Leute die Rede? (Zeile 1 - 10)
      a) Von der Arbeitslosigkeit.
      b) Von persönlichen Problemen.
      c) Von Geldsorgen.
      d) Von ihren Sorgen wegen der Zukunft.
```

Zwischentest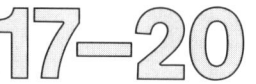

2. Was erfährt man über die berufliche Situation der befragten jungen Leute? (*Zeile 5 - 16*)
   a) Einige waren gerade arbeitslos.
   b) Andere fingen gerade an, eine Lehrstelle zu suchen.
   c) Viele hatten wenigstens Glück im Beruf.
   d) Die wenigsten hatten einen Arbeitsplatz.

3. Was wurde zum Thema "Geld" gesagt? (*Zeile 17 - 22*)
   a) "Geld allein macht nicht glücklich."
   b) "Wir haben zuwenig Geld."
   c) "Das Geld reicht nicht für den Lebensunterhalt."
   d) "Wir haben genug Geld für Hobbys, Freizeit und Kleidung."

4. Was wurde zum Thema "Glücklich sein können" gesagt? (*Zeile 23 - 32*)
   a) Glücklich sein kann man nur in seinem Beruf.
   b) Glücklich sein kann man nur, wenn man Alltag, Beruf und Privatleben vergessen kann.
   c) Glücklich sein kann man nur im Privatleben.
   d) Glücklich sein kann man nur, wenn man sich nichts wünscht.

5. Welche Meinung wurde in allen Antworten geäußert? (*Zeile 28 - 32*)
   a) Ein glückliches Leben ist gar nicht möglich.
   b) Glücklicher leben kann man auch trotz der gegenwärtigen Probleme.
   c) In der Bundesrepublik kann man glücklicher leben als anderswo.
   d) Glücklicher leben kann man in einer Welt ohne Streß.

TEST 2: SCHRIFTLICHER AUSDRUCK (BRIEF)

Ein deutscher Brieffreund / Eine deutsche Brieffreundin hat sich in einem Brief nach Ihrem letzten Urlaub erkundigt.
Sie antworten ihm/ihr und schreiben etwas zu den folgenden sechs Punkten:

6. Wo haben Sie Ihren Urlaub verbracht?
7. Warum sind Sie gerade dorthin gefahren? Wie hat es Ihnen dort gefallen?
8. Was haben Sie in Ihrem Urlaub gemacht?
9. Was für Leute haben Sie kennengelernt?
10. Wie war die Unterkunft und Verpflegung?
11. Können Sie Ihrem Freund / Ihrer Freundin diesen Urlaubsort empfehlen? Warum (nicht)?

Vergessen Sie auch nicht Datum, Anrede, Gruß und Unterschrift!
Schreiben Sie zu *allen* Punkten wenigstens 1–2 Sätze!

TEST 3: HÖRVERSTEHEN

Hören Sie sich bitte die Abschnitte ⑤ und ⑥ aus dem Interview mit Gerlinde Geffers (Kapitel 20A1) noch einmal an.
Sie sollen dazu 10 Aufgaben lösen. Bei jeder Aufgabe sollen Sie feststellen: Habe ich das im Text gehört oder nicht? Die richtige Lösung kreuzen Sie an.

 **Zwischentest** T

Hören Sie zuerst beide Abschnitte des Interviews, ohne zu schreiben. Sie hören jeden Abschnitt danach noch ein zweites Mal!

(Erstes Hören: Abschnitte ⑤ und ⑥)

Lesen Sie jetzt die Aufgaben 12–16: Sie haben dafür 1 Minute Zeit.

	gehört	nicht gehört
12. Zeitungen sind für Gerlinde Geffers eine wichtige Informationsquelle.		
13. Bei *ffn* wird nicht über Filmpremieren berichtet.		
14. Das örtliche "Frauenhaus" und ein Interview mit einem italienischen Sänger sind Themen, die Gerlinde Geffers sich selbst gesucht hat.		
15. Nicht alles, was sie auf Band aufgenommen hat, verwendet sie auch wirklich in der Sendung.		
16. Sie überlegt zusammen mit Kollegen, wie sie eine Sendung am besten aufbauen kann.		

Hören Sie jetzt Abschnitt ⑤ noch einmal! Beim Hören oder danach markieren Sie Ihre Lösungen. Fragen Sie sich bei jeder Aufgabe: Habe ich das im Text gehört? Wenn ja, markieren Sie „gehört"; wenn nein, markieren Sie „nicht gehört".

(Zweites Hören: Abschnitt ⑤)
Lösen Sie jetzt die Aufgaben 12–16.

Lesen Sie zuerst die Aufgaben 17–21 zu Abschnitt ⑥ des Interviews. Sie haben dafür 1 Minute Zeit.

Was sagt Gerlinde Geffers über Magazinprogramme?

	gehört	nicht gehört
17. Magazinprogramme enthalten viel Musik.		
18. Die Wortbeiträge sind zu lang.		
19. Magazinprogramme bieten dem Hörer viel Unterhaltung.		
20. Informationen wechseln mit Musik ab.		
21. Es gibt insgesamt vielleicht 10 Minuten Information pro Stunde.		

Hören Sie jetzt Abschnitt ⑥ noch einmal!
(Zweites Hören: Abschnitt ⑥)
Lösen Sie jetzt die Aufgaben 17–21.

T — Zwischentest 17–20

TEST 4: STRUKTUREN/WORTSCHATZ 🔑

Bitte finden Sie das richtige Wort oder den richtigen Satz und markieren Sie, ob die Lösung a, b, c oder d richtig ist.

<u>Beispiel:</u>
Schon 12 Uhr? Dann ..... ich gleich weg!
a) mußt
X b) muß
c) müßt
d) müssen

22. Ich ..... nicht mehr, was ich tun soll!
   X a) weiß
   b) weißt
   c) wißt
   d) wissen

23. Nein, wir haben .... Mann noch nie gesehen!
   a) diese alten
   b) dieser alte
   X c) diesen alten
   d) diesem alten

24. Diese alte Dame? Ich kenne ..... nicht.
   a) ihr
   b) Ihr
   c) sie
   X d) Sie

25. ..... du dir endlich neue Schuhe gekauft? Das wurde ja wirklich Zeit!
   a) Haben
   X b) Hast
   c) Hat
   d) Habt

26. Wir haben stundenlang auf euch gewartet. Wo ..... ihr denn?
   a) kommt
   b) geht
   X c) wart
   d) fahrt

27. Es ist schon vier Uhr. Wann ..... unser Bus?
   a) fahrt
   X b) fährt
   c) fahre
   d) fahren

28. ..... willst du denn unbedingt nach Spanien? - Dort ist das Wetter so schön.
   X a) Warum
   b) Wo
   c) Wie
   d) Was

51

Zwischentest

29. Am liebsten ..... ich zu Hause geblieben, aber ich mußte leider mitfahren.
   a) habe
   b) hätte
   c) bin
   d) wäre

30. Dieses Zimmer ist mir zu teuer. Haben Sie kein .....?
   a) mehr billiges
   b) billigeres
   c) billigstes
   d) zu billiges

31. ..... du auf die Post gehst, bring mir doch bitte Briefmarken mit.
   a) Als
   b) Wann
   c) Ob
   d) Wenn

32. Der uralte Mann in Jeans und T-Shirt, ... ich gestern gesprochen habe, ist mein Deutschlehrer.
   a) dem
   b) der
   c) mit dem
   d) mit wem

33. Der Elektriker hat versprochen, ...
   a) daß er am Mittwoch würde vorbeikommen
   b) daß er am Mittwoch vorbeikommen würde
   c) am Mittwoch er würde vorbeikommen
   d) vorbei würde er kommen am Mittwoch

34. Können Sie mir sagen, wie Ihr Name .....?
   a) geschrieben wird
   b) schreibt
   c) geschrieben ist
   d) schreiben

35. Gehst du heute abend mit ..... Kino?
   a) ans
   b) nach dem
   c) im
   d) ins

36. Du stehst schon so lange. .... doch endlich!
   a) Setz dich
   b) Setz dir
   c) Sitz dich
   d) Sitz dir

37. Eine Reise nach Hawaii ist .... eine Reise nach Berlin.
   a) teuer als
   b) teuer wie
   c) teurer als
   d) teurer wie

52

Zwischentest

38. Tut mir leid! Ich habe unsere Verabredung ganz ..... .
    a) gegessen
    b) gemerkt
    c) vergessen
    d) verloren

39. Dieser Politiker tut so, ... er von der ganzen Sache nichts gewußt hätte.
    a) ob
    b) als ob
    c) wenn
    d) daß

40. Du mußt jetzt entscheiden, was du machen willst: ..... du bleibst zu Hause ..... du fährst mit in Urlaub.
    a) Entweder - oder
    b) Entweder - aber
    c) Ob - ob
    d) Oder - oder

41. Das ist nicht fair! So kannst du dich nicht ..... !
    a) behalten
    b) enthalten
    c) halten
    d) verhalten

42. Können Sie mir sagen, wann der nächste Zug geht? - Nein, ...
    a) keine Angst
    b) keine Ahnung
    c) keine Frage
    d) keine Sorge

43. Es regnet in Strömen. Wollen wir nicht lieber ..... bleiben?
    a) bei Hause
    b) in Hause
    c) nach Hause
    d) zu Hause

44. Der Dieb hatte Glück: Er wurde nur zu einer Geldstrafe verurteilt. Aber dafür muß er sich ..... zwei Wochen bei der Polizei melden.
    a) jede
    b) bis
    c) alle
    d) über

45. In einer Bäckerei wird ..... verkauft.
    a) Kleidung
    b) Fleisch
    c) Gemüse
    d) Brot

46. In vielen Gebieten Deutschlands heißen die Metzger auch ..... .
    a) "Bäcker"
    b) "Fleischer"
    c) "Maurer"
    d) "Schlosser"

47. Warum haben ..... mir nichts davon gesagt? - Ich habe es glatt vergessen!
   a) ihr
   b) sie
   c) Sie
   d) du

48. Warum ist Paul noch nicht da? - Er hat ..... den Zug verpaßt.
   a) aber auch
   b) denn auch
   c) trotzdem
   d) vielleicht

49. Diese Prüfung werden Sie sicher .....!
   a) aufstehen
   b) bestehen
   c) entstehen
   d) stehen

MÜNDLICHE PRÜFUNG

TEST 1: KOMMUNIKATION IN ALLTAGSSITUATIONEN

Bevor die Prüfung anfängt, stellt Ihnen der Prüfer/die Prüferin einige Fragen zum „Anwärmen":

- Aus welchem Land kommen Sie?
- Wie lange haben Sie Deutsch gelernt?
- Warum machen Sie die Zertifikatsprüfung?
- Wofür können Sie das Zertifikat gebrauchen?

Jetzt beginnt der Test. Der Prüfer/Die Prüferin sagt:

Wir spielen jetzt einige Situationen. Sagen Sie uns bitte, was Sie in dieser Situation *direkt* sagen, fragen oder antworten würden.

Beispiel: Sie wollen noch mehr Deutsch lernen, haben aber nur am Anfang der Woche Zeit. Fragen Sie in einer Volkshochschule/Sprachenschule nach einem passenden Kurs.

Mögliche Antwort: Haben Sie einen Kurs am Montag oder Dienstag? Die anderen Tage kann ich nicht.

1. Sie sind in der Bundesrepublik und wollen Geld wechseln. Aber Sie können in der Umgebung keine Bank finden. Fragen Sie einen Passanten. Fragen Sie auch nach dem Weg zur Bank und wie Sie am einfachsten hinkommen (zu Fuß, mit dem Bus / der Straßenbahn, ...).
(Ihre Antwort: .....)

2. Auf der Straße haben Sie einen Geldbeutel mit 200 Mark gefunden. Sie bringen ihn zur Polizei. Der Wachtmeister fragt Sie, was Sie wünschen. Erzählen Sie. Informieren Sie sich auch über die geltenden Vorschriften (was z.B. passiert, wenn der Besitzer / die Besitzerin nicht gefunden wird).
(Ihre Antwort: .....)

Zwischentest

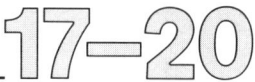

3. Sie sind gerade in ein Taxi gestiegen. Sie müssen zum Bahnhof. Der Taxifahrer fragt Sie, wo Sie hinwollen. Sagen Sie ihm das. Aber sagen Sie auch dazu, daß Ihr Zug schon in einer halben Stunde abfährt.
(Ihre Antwort: .....)

4. Sie sind an der Grenze. Der Zollbeamte kontrolliert Ihren Paß und möchte wissen, wohin Sie fahren und was Sie dort machen. Antworten Sie ihm höflich.
(Ihre Antwort: .....)

TEST 2: GELENKTES GESPRÄCH

Der Prüfer / Die Prüferin sagt:

Ich möchte jetzt mit Ihnen über ein bestimmtes Thema sprechen, und zwar über das Thema "Arbeiten im Ausland".

1. Sie wissen wahrscheinlich, daß in der Bundesrepublik viele Leute arbeiten, die aus anderen Ländern kommen, die sogenannten "Gastarbeiter".
   Wie ist das in Ihrem Land / hier?
   (Ihre Antwort: .....)

2. Wie sehen Sie das? Ist es eine gute Sache, wenn man in ein anderes Land zieht und dort arbeitet?
   Können Sie Ihre Meinung begründen?
   (Ihre Antwort: .....)

3. Möchten Sie selber lange in einem anderen Land arbeiten?
   Wenn ja - wo? Und welche Probleme erwarten Sie dabei?
   Wenn nein - warum nicht?
   (Ihre Antwort: .....)

4. Ich habe früher einige Jahre in Österreich gearbeitet. Eigentlich hatte ich erwartet, daß die meisten Österreicher schon Englisch verstehen. Aber das stimmte nicht. So bin ich dann doch in einen Deutschkurs gegangen.
   Würden Sie das auch tun? Gibt es noch andere Möglichkeiten, die fremde Sprache zu erlernen? Welche?
   (Ihre Antwort: .....)

5. Was glauben Sie? Fühlt man sich im fremden Land wohler, wenn man die Sprache kann?
   Wird man dann von den Leuten besser akzeptiert?
   (Ihre Antwort: .....)

6. Zum Schluß: Was würden Sie jemandem raten, der in Ihr Land emigrieren möchte?
   (Ihre Antwort: .....)

21A

1 Jungen – Mädchen

Ü1 Schreiben Sie einen Paralleltext zu den Texten von Micha und Lena:

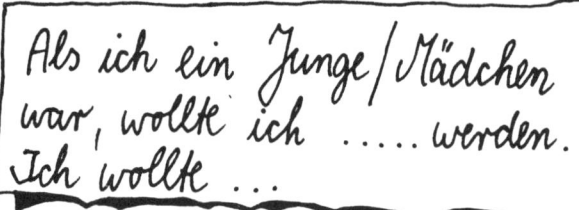

Als ich ein Junge/Mädchen war, wollte ich ..... werden. Ich wollte ...

Ü2 Sehen Sie sich dieses Foto genau an:

1. Welches Kind ist ein Mädchen, welches ein Junge? Woran erkennt man das?

Ⓔ ist sicher ein Mädchen, weil .....
Ⓐ ist bestimmt ein Junge, weil .....

2. Welches Kind könnte sowohl ein Junge als auch ein Mädchen sein?

Bei Ⓑ weiß man nicht genau, ob es .....
Ⓖ könnte ein Junge oder ein Mädchen sein, denn .....

2 Ehefrau, Hausfrau, Mutter

Ü3 Was ist richtig, was ist falsch?
Vergleichen Sie mit dem Text *Ein Vormittag* und kreuzen Sie an

	richtig	falsch	Zeilen im Text:
1. Die Geschichte spielt an einem Sonntagmorgen.		X	1-3, 79-80
2. Der Ehemann hat viel Verständnis für die Situation der Frau.			
3. Die Mutter der Frau meint: Du hast nicht viel zu tun! Du mußt nur für die Familie und die Kinder sorgen!			
4. Die Frau arbeitet konzentriert im Haushalt.			
5. Sie erinnert sich an eine schöne kleine Porzellanfigur, die sie einmal im Schaufenster gesehen hat.			
6. Die Frau ist verheiratet.			
7. Sie hat eine Tochter.			
8. Sie hat mehrere Kinder.			
9. Sie muß nur einmal in der Woche Wäsche waschen.			
10. Sie ist mit ihrem Leben zufrieden.			

Ü 4 In der Geschichte *Ein Vormittag* gibt es eine „äußere" Handlung (= was die Frau an diesem Vormittag tut) und eine „innere" Handlung (= was sie an diesem Vormittag denkt und woran sie sich erinnert).
Versuchen Sie, die folgenden Zitate aus dem Text einzuordnen.

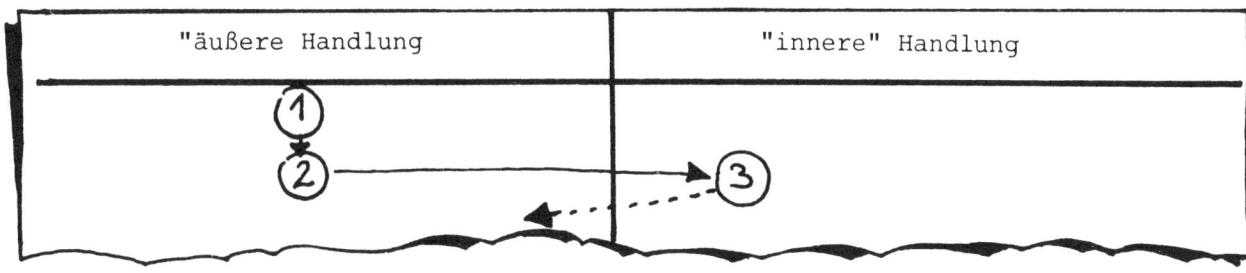

① Sie lächelte. (Z.3)
② Langsam ging sie den schmalen Flur entlang ... (Z. 3-4)
③ Es sind einfach die Verhältnisse, dachte sie ... (Z. 14)
④ Du hast es gut, hatte ihre Mutter gesagt, du hast sonst nichts zu tun ... (Z. 24-25)
⑤ ... und (sie) öffnete das Fenster ... (Z. 14-15)
⑥ "Sie seufzte; sie ging in das Bad ..." (Z. 38-39)
⑦ Ich muß mich beeilen, dachte sie dann, ich werde nicht fertig ... (Z. 44-45)
⑧ Du mußt deine Gedanken bei der Arbeit haben, sagte ihr Mann ... (Z. 47-48)
⑨ Die ersten Jahre ihrer Ehe fielen ihr ein. (Z. 54)
⑩ Wochenlang hatte sie immer einen Grund gefunden, an dem Schaufenster vorbeizugehen. (Z. 67-69)
⑪ Die Waschmaschine brummte. (Z. 72)
⑫ .....

Meine Mutter

Ü 5 1. Wie beschreibt Ursula Krechel ihre Mutter?
— Welche Eigenschaften der Mutter erwähnt sie?
Suchen Sie im Text die Adjektive, die die Mutter beschreiben, z. B. *anständig*.
— Welche Handlungen / Tätigkeiten charakterisieren die Mutter zusätzlich?
— Welche Hoffnungen hatte die Mutter als junge Frau?
2. Welches Verhältnis hat Ihrer Meinung nach die Schriftstellerin zu ihrer Mutter?

— Sie ist kritisch und distanziert. ☐
— Sie hat Mitleid mit ihrer Mutter. ☐
— Sie ist aggressiv. ☐
— Sie ist ihrer Mutter gegenüber gleichgültig. ☐

Begründen Sie Ihre Meinung.

21A Zusätzlicher fakultativer Text

Vater – Sohn

In seinem Roman *Nachgetragene Liebe* (1980) sammelt der Schriftsteller Peter Härtling (*1933) Erinnerungen an seinen Vater, den er verlor, als er selbst erst zwölf Jahre alt war.

Hier der Anfang des Buches:

Mein Vater hinterließ mir eine Nickelbrille, eine goldene Taschenuhr und ein Notizbuch, das er aus grauem Papier gefaltet und in das er nichts eingetragen hatte als ein Gedicht Eichendorffs, ein paar bissige
5 Bemerkungen Nestroys und die Adressen von zwei mir Unbekannten. Er hinterließ mich mit einer Geschichte, die ich seit dreißig Jahren nicht zu Ende schreiben kann. Ich habe über ihn geschrieben, doch nie von ihm sprechen können.

1 *Mein Vater hinterließ mir ...:* Mir blieb von meinem Vater nur ...

4 *Eichendorff:* → Kap. 19
5 *Nestroy:* österreichischer Dramatiker (1801–1862), der satirische Stücke vor allem auf die Wiener Gesellschaft schrieb
6 *Er hinterließ mich ...:* Er ließ mich allein zurück ...

Hier ein späterer Textabschnitt:

Wir haben uns nie als Männer unterhalten, nie unsere Erinnerungen messen, tauschen können. Ich hab dir nie sagen können: Weißt du, das Kind. Das Damals zwischen uns fehlte. Ich habe immer nur zu dir aufge-
5 sehen, mein Blick wuchs nicht auf deine Höhe. Nun, wenn ich dich zurückrufe, wenn du nach langer Zeit wieder in meine Träume trittst, Gestalt annimmst, fühle ich eine sonderbare Mischung von kindlichem Trotz und erwachsener Überlegenheit: Ich beuge
10 mich über deinen Schatten. Es erstaunt mich, daß ich mittlerweile um sechs Jahre älter bin, als du werden konntest. Ich habe mehr Zeit gesammelt als du, ich bin dir, ohne Zutun und zufällig, überlegen. Du hast manches nicht lernen können; manches hättest du
15 nicht lernen wollen. Du hieltest dich an andere Wörter, Begriffe. Strafe war so ein Wort. Eine deiner Strafen war schlimmer als alle anderen. Ich habe sie dir nachgetragen, bis heute. So genau, Vater, sind Wörter: nachgetragen.

1 (Der Vater starb, als der Sohn noch ein Junge war.);
Erinnerungen messen, tauschen: unterschiedliche Erinnerungen an dieselbe Sache vergleichen
3 *Das Damals zwischen uns fehlte:* Wir konnten später nie über meine Kinderzeit reden.
4 *zu dir aufgesehen:*

5 *mein Blick wuchs nicht auf deine Höhe:* ich war nie so groß wie du
8 *kindlicher Trotz:* der Widerstand des Kindes gegen den Vater
10–12 (Der Vater starb mit 41. Härtling war 47, als er das Buch schrieb.)
13 *ohne Zutun:* ohne eigene Mühe
16–19 (Der 7jährige Härtling hatte seiner Mutter Geld gestohlen; deshalb sprach der Vater eine Woche lang nicht mit dem Kind!)
19 *nachgetragen:* 1. (wörtlich) hinterhergetragen, gebracht; 2. der Junge ist *nachtragend:* er kann diese Strafe nicht vergessen und verzeihen.
Der Titel des Romans *Nachgetragene Liebe* ist also mehrdeutig!

Ü6 1. Lesen Sie den ersten Textabschnitt:
– Die Dinge, die der Vater dem Sohn hinterlassen hat, sind zugleich persönlich und unpersönlich. Versuchen Sie, das zu erklären.
– Welches Verhältnis von Vater und Sohn zeigt sich hier: herzlich – intensiv – distanziert – kalt .....? Begründen Sie Ihre Meinung.

2. Im zweiten Textabschnitt, Zeile 1–5, wird die *Perspektive des Kindes* dem Vater gegenüber dargestellt: „Damals", „Ich habe immer nur zu dir aufgesehen". Wie hat der Vater damals auf den Sohn gewirkt?

3. Im zweiten Abschnitt, Zeile 5–13, wird die *Perspektive des erwachsenen Sohnes* deutlich: „Nun", „Ich beuge mich über deinen Schatten". Was hat sich verändert?

Mutter und Tochter – Vater und Sohn

Ü 7 Ursula Krechel und Peter Härtling gehören ungefähr derselben Generation an: Ihre Eltern waren vor dem Krieg junge Erwachsene; ihr Leben wurde durch den 2. Weltkrieg stark beeinflußt.
Vergleichen Sie das Gedicht von Krechel mit den Passagen aus Härtlings Buch:

Ursula Krechel: *Meine Mutter*	Peter Härtling: *Nachgetragene Liebe*
1. Was erfahren wir über die Mutter?	Was erfahren wir über den Vater?
2. Die Tochter redet *über* die tote Mutter.	Der Sohn redet *mit* dem toten Vater, als lebte er noch.

Sammeln Sie Beispiele für diese unterschiedlichen Arten der Darstellung aus beiden Texten.

Verstehen, Behalten, Vergessen

Ü 8 a) Hören Sie das Gespräch zwischen dem Postbeamten und dem Kunden und machen Sie Notizen.

Fragen zum Gesprächsverlauf	Notizen
1. Was will der Kunde auf der Post?	
2. Was sagt der Postbeamte zum Inhalt des Pakets?	
3. Was antwortet der Kunde?	
4. Will der Postbeamte das Paket annehmen?	
5. Womit droht der Kunde?	
6. Wie reagiert der Postbeamte?	
7. Wie ist die Stimmung am Ende des Gesprächs?	

b) Zeichnen Sie nun eine „Fieberkurve" des Gesprächs.

21A

Das menschliche Gedächtnis

1 Theo besucht Heinz in dessen Wohnung. Heinz hat gerade im Supermarkt eingekauft, u. a. Eier.

2 Heinz hört gar nicht richtig zu – was hat Theo gesagt?

3 Heinz antwortet:

Ü 9 Erklären Sie: Was ist im Kopf von Heinz passiert?

Benutzen Sie diese Stichwörter:

1. Sensoren (Augen, Ohren): Signale auffangen
2. Ultrakurzzeitgedächtnis: einige Signale festhalten
3. Kurzzeitgedächtnis: Signale untersuchen, identifizieren, kombinieren

21A

Ü 10 1. Was bedeutet das? 🗝

Sprache
Deutsch
Lehrbuch

2. Erinnern Sie sich? Wo haben Sie das gesehen? 🗝

Was war sonst noch auf dem Bild?

3. Lesen Sie bitte diesen Text: 🗝

> Es war einmal ein kleines Mädchen, dem war Vater
> und Mutter gestorben, und es war so arm, daß es
> kein Kämmerchen mehr hatte, darin zu wohnen,
> und kein Bettchen mehr, darin zu schlafen, und

Ü 11 Markieren Sie zuerst die einzelnen Wörter und schreiben Sie dann mit den Wörtern eine Geschichte. Verändern Sie dabei die Reihenfolge der Wörter nicht: 🗝

1. `Herrmüllerautokaufenanzeigezeitungtelefonierenverabredungbesichtigungfünfzehnuhr.`
2. `Fraumeierabendkinozeitunganzeigevomwindeverwehtklasseanrufvorstellungzwanziguhr.`

Ü 12 In verschiedenen Kulturen und Epochen der Geschichte ist die Vorstellung von der „Welt im Kopf" ganz unterschiedlich. Das Bild rechts stammt aus einem Buch über die Medizin in Bali (Indonesien).
Es zeigt eine „Landschaft im Kopf".

Was können Sie erkennen? Versuchen Sie, diese Landschaft zu beschreiben.
Sie können dabei auch folgende Wörter benutzen:

- Quelle, Bach, Fluß, Strom, See
- Gebirge, Berg, Vulkan, Hügel Gipfel, Eis, Schnee, Tal, Ebene
- Pfad, Weg, Straße
- Strauch, Busch, Baum, Wald

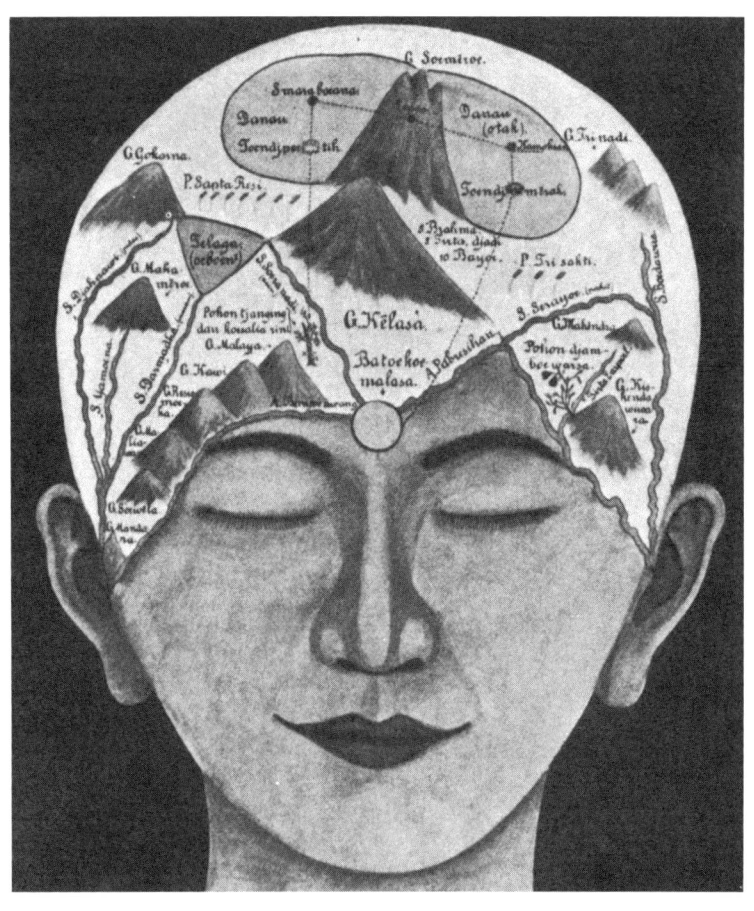

21A

7 „Ich male mir den Frühling"

Ü 13 Schreiben Sie zum Lehrbuchtext einen Paralleltext über den Frühling. Die Bilder und die unten angegebenen Wörter helfen Ihnen: 🔑

Ich male mir den Frühling

die Wiese	der Baum	der Schmetterling	der Himmel	wachsen
das Gras	der Obstbaum	der Vogel	die Sonne	treiben
die Blume	die Fichte/Tanne	die Amsel	das Licht	grünen
die Blüte	das Blatt	die Meise	die Wolke	blühen
	der junge Trieb	die Drossel	die Luft	duften
		der Fink	der Duft	flattern
		der Spatz		singen
				zwitschern

SIT 21

Auf der Post

Ü1 Sehen Sie sich das Bild vom Postamt genau an: Was kann man auf der Post alles erledigen?
Notieren Sie:

- Briefmarken kaufen
- Briefe ...
- ....

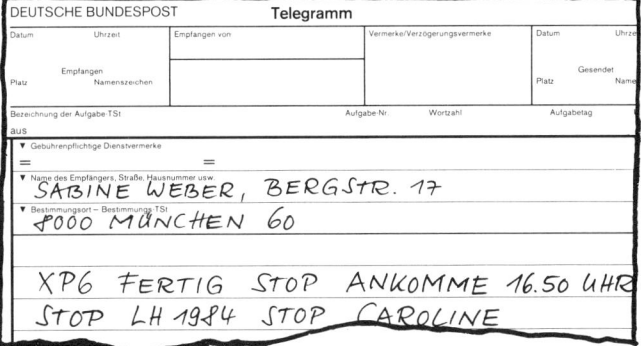

Ü2 Das Telegramm links hat Frau Weber am Freitagabend bekommen.

1. Erfinden Sie eine Geschichte zu dem Telegramm.
2. Schreiben Sie Ihre Geschichte auf.

Telegramm:
SABINE WEBER, BERGSTR. 17
8000 MÜNCHEN 60

XP6 FERTIG STOP ANKOMME 16.50 UHR STOP LH 1984 STOP CAROLINE

Ü3 Lesen Sie diese drei Geschichten. Formulieren Sie dann ein Telegramm zu einer davon.

A

Georg hat sich beim Schifahren das Bein gebrochen. Seine Frau schickt an die Firma, bei der er arbeitet, ein Telegramm: Fa. Borchers KG, Kanalstr. 27, 7500 Karlsruhe. Georg muß mindestens 3 Wochen im Krankenhaus bleiben!

C

Josef G. will im Januar von Mailand nach München zu einem Kongreß fliegen. Er soll dort die Eröffnungsrede halten. Aber in Mailand am Flughafen gibt es Nebel. Herr G. kann nicht fliegen. Er muß ein Telegramm schicken (Goethe-Institut, Lenbachplatz 3, 8000 München 2) und absagen.

B

Inge ist auf Teneriffa in Urlaub. Dort verliert sie ihren Geldbeutel. Sie schickt ihren Eltern (Anna und Erwin Gahn, Frankenring 238/X, 5000 Köln 71) ein Telegramm nach Hause. Inge bittet sie dringend, ihr ganz schnell 2000 Mark an die Banco di Bilbao zu überweisen.

21B — GR

Ü1 Hauptsatz (HS) oder Nebensatz (NS)?
Lesen Sie diesen Abschnitt aus Peter Bichsels Text *Die Beamten* (20A7) und tragen Sie ein:

Und jetzt gehen sie schnell (**HS**), denn die Straße scheint ihnen verdächtig (**HS**). Sie bewegen sich heimwärts ( ) und fürchten ( ), das Pult nicht geschlossen zu haben ( ). Sie denken an den nächsten Zahltag, an die Lotterie, an das Sporttoto, an den Mantel für die Frau ( ), und dabei bewegen sie die Füße ( ), und hie und da denkt einer ( ), daß es eigenartig sei ( ), daß sich die Füße bewegen ( ).
Beim Mittagessen fürchten sie sich vor dem Rückweg ( ), denn er scheint ihnen verdächtig ( ), und sie lieben ihre Arbeit nicht ( ), doch sie muß getan werden ( ), weil Leute am Schalter stehen ( ), weil die Leute kommen müssen ( ) und weil die Leute fragen müssen ( ). Dann ist ihnen nichts verdächtig ( ), und ihr Wissen freut sie ( ), und sie geben es sparsam weiter ( ).

21B — WS

Ü2 In den Texten von Kapitel 21 gibt es viele Komposita mit „Frauen-":

Frauen-Kongreß
Frauen-Seminar
Frauen-Filmtage
Frauen-Fest
Frauen-Kultur
Frauen-Initiative
.....

Frauenseminare
Frauenkongresse
Frauen-Gegenkultur

Erste Münchner **FRAUEN FILMTAGE** der Demokratischen Fraueninitiative München

Wählen Sie einige Komposita aus und erklären Sie sie.

Ü3 Hier sind einige Komposita aus den Texten von Kapitel 21:

das Schlachtfeld	das Vierteljahr	das Ortsgespräch
die Schranktür	die Großmutter	die Telefonzelle
die Unterwäsche	das Bügeleisen	die Paketkarte
die Waschmaschine	das Kurzzeitgedächtnis	geistesabwesend
der Stadthaushalt	das Fassungsvermögen	stundenlang
das Spiegelbild	das Tonband	begehrenswert
der Lichtblick	die Überschrift	
der Streifzug		

Wählen Sie einige Wörter aus dieser Liste und erklären Sie sie mit Ihren eigenen Worten.
Beispiel: *Freizeit*.

- die Zeit, in der man nicht arbeitet
- die arbeitsfreie Zeit
- das Wochenende

Mutter ist: Schul-Leiterin ...
Vater ist: Hausmann

Ü4 Schreiben Sie ein „Parallelgedicht" zu Liselotte Rauners Gedicht *Titel*:

22A

Meinungsumfragen 1987
Demokratie – ja. Politiker – nein.

Ü1 Welche Aussage gehört zu welchem Text? Kreuzen Sie an. 🗝

	Text ①	Text ②	Text ③	nicht im Text
1. Die Mehrzahl der Deutschen ist mit dem politischen System der Bundesrepublik zufrieden.	X			
2. 73% der Bundesdeutschen halten "gar nichts" oder "wenig" von den Politikern.				
3. Politiker sind nicht ehrlich.				
4. 71% der Wähler halten "Politskandale" bei der CDU für möglich.				
5. Mehr als 80% der Wähler(innen) haben kein Vertrauen zu den Politikern.				
6. Politiker sind nicht fleißig.				
7. Fast die Hälfte der Wähler der Grünen ist mit dem demokratischen System der BRD zufrieden.				

Interviews über Politiker

Ü2 Sammeln Sie aus den Texten ①, ②, ③ Wörter und Wendungen, die „Zustimmung / positive Meinung" bzw. „Kritik / negative Meinung" ausdrücken: 🗝

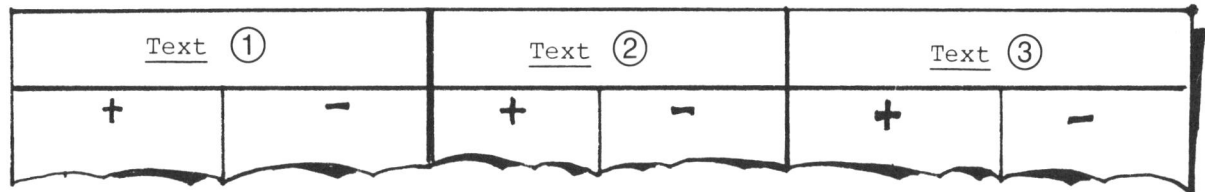

Text ①		Text ②		Text ③	
+	−	+	−	+	−

Ü3 Lesen Sie die Äußerungen von Hans-Dietrich, Andreas, Sylvia und Islin noch einmal. Welche der vier Personen übt am schärfsten Kritik, welche äußert das meiste Verständnis für Politiker? Begründen Sie Ihre Meinung mit Stellen aus den Texten.

Das politische System der BRD

Ü4 Bundesrepublik – Bundesländer: Was gehört zusammen? 🗝

1	Bundesrepublik
2	Bundestag
3	Bundesland
4	Landtage
5	Parteien

Parlamentarische Demokratie	a
Parlament der Bundesrepublik	b
16 Bundesländer	c
alle 4 Jahre Wahlen	d
Föderation	e
Wahl des Bundeskanzlers	f
Parlamente der Bundesländer	g
Baden-Württemberg	h
SPD, FDP, CDU/CSU, Grüne, PDS	i

22 A

Ü 5 Die 5%-Klausel

„Es gilt nämlich die 5%-Klausel: Eine Partei kommt erst dann ins Parlament, wenn sie mindestens 5% aller Wählerstimmen erhält."
Was halten Sie von dieser Regelung? Welche Vorteile, welche Nachteile hat sie?

Vorteile:	Nachteile:

4/5 Vor und nach der Landtagswahl

Ü 6 Die Landtagswahlen 1988 in Schleswig-Holstein.
Lesen Sie dazu die Berichte aus der *Süddeutschen Zeitung* und der *Frankfurter Rundschau*.
Welche Informationen zu den folgenden Punkten finden Sie in den Artikeln?
Notieren Sie:

	Süddeutsche Zeitung	*Frankfurter Rundschau*
Zahl der Wahlberechtigten		
Zahl der Abgeordneten (Landtagsmandate)		
Parteien, die zur Wahl kandidierten		
Ergebnisse der Landtagswahl von 1987		
Ergebnisse der Landtagswahl von 1988. SPD: CDU: FDP: Ministerpräsident:		

Ü 7 Vergleichen Sie den Bericht der *Frankfurter Rundschau* mit den Spätnachrichten im Rundfunk.

So steht es in der Zeitung:	So wird es in den Rundfunk-Nachrichten gesagt:
1. Bei der Landtagswahl in Schleswig-Holstein hat die SPD (...) die absolute Mehrheit erobert.	
2. Die FDP wird nicht mehr im Landtag vertreten sein.	
3. ... holten die Sozialdemokraten nach den ersten Hochrechnungen (...) 52 bis 53,8 Prozent der Stimmen ...	
4. Ihr Spitzenkandidat Björn Engholm wird damit der erste SPD-Ministerpräsident des nördlichsten Bundeslands seit 38 Jahren.	
5. Der CDU gaben die Hochrechnungen nach erdrutschartigen Verlusten nur noch 34,1 bis 36 Prozent ...	

„Romantisches Deutschland"?

Zu „Deutschland" gibt es bei Deutschen und bei Ausländern viele unterschiedliche Vorstellungen. Einige Beispiele:

Ü 8 Welche Vorstellungen von „Deutschland" haben Sie selbst? Sammeln Sie Stichwörter und berichten Sie.

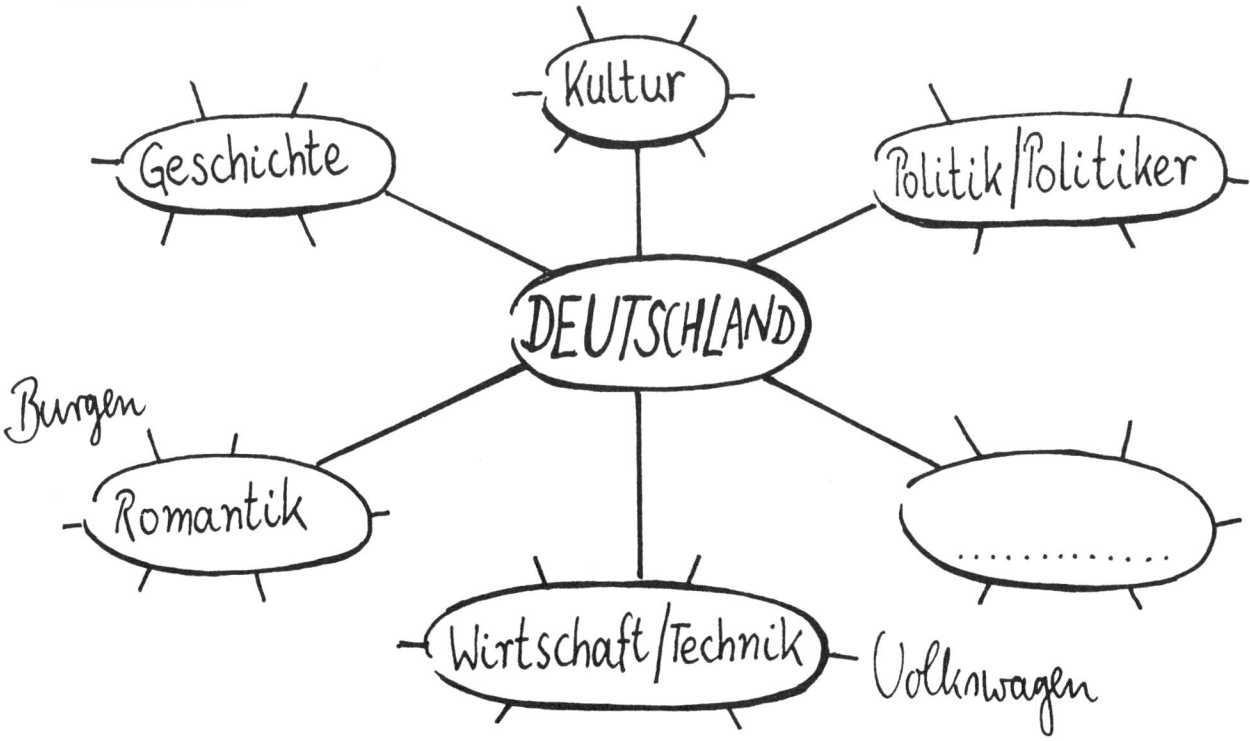

22 An der Tankstelle

Ü1 In der Bundesrepublik kann man an Tankstellen nicht nur Benzin, Diesel und Motoröl kaufen. Sehen Sie sich dieses Foto genau an:

1. Was kann man an dieser Tankstelle alles kaufen?

Zeitschriften, Wein, ...

2. Was kann man an dieser Tankstelle alles machen lassen?

Öl wechseln lassen, ...

Landschaften und Literatur III

Die sieben Schwaben.

Ü1 Die sieben Schwaben sind nach ihrem Abenteuer mit der Hornisse wieder zu Hause. Herr Schulz erzählt seiner Frau die Geschichte. – Schreiben Sie sie weiter.

> Also, das war so:
> Wir sind über eine Wiese gewandert. Da habe ich auf einmal ein ganz lautes Brummen gehört. Sofort habe ich gerufen: ....

Ü2 Schreiben Sie selbst eine „Sieben-Schwaben-Geschichte" zu diesen Bildern:

> Sie waren schon einen weiten Weg gegangen. Es war Abend und ...

22 B — GR

1 **Ü1** Funktionsverb-Gefüge: Drücken Sie die unterstrichenen Stellen aus dem Zeitungsbericht einfacher aus.

Nach der Wahl in Schleswig-Holstein

Der Vorsitzende der CDU hat in seiner Rede sein Bedauern über den Wahlausgang <u>zum Ausdruck gebracht</u>. Der Abwärtstrend müsse nun <u>auf schnellstem Weg zum Halten gebracht werden</u>. Dazu müsse man alle anstehenden Fragen innerhalb der Partei <u>zur Sprache bringen</u>: Alle Themen müßten jetzt <u>zur Diskussion stehen</u>!

Der Sieger der Wahl, der SPD-Vorsitzende, <u>richtete an die CDU die Aufforderung</u>, sie solle jetzt <u>alle Vorbereitungen zur raschen Klärung der Affäre treffen</u>. Man könne jedoch <u>mit Erleichterung zur Kenntnis nehmen</u>, daß das parlamentarische System beim Bürger insgesamt nicht <u>auf Ablehnung stoße</u>.

Der SPD-Vorsitzende <u>gab seinen Wählern das Versprechen</u>, daß unter seiner Regierung die demokratischen Spielregeln wieder <u>volle Beachtung finden würden</u>.

2 **Ü2** Pessimismus mit „ohne daß / ohne ..... zu"

1. Das Geld verliert immer mehr an Wert, aber niemand tut etwas gegen die Inflation!
2. Die Lebensmittel werden immer teurer, aber niemand kümmert sich darum!
3. Die Qualität wird immer schlechter, aber die Sachen werden nicht billiger!
4. Die Autos werden immer schneller, aber die Straßen werden nicht besser.
5. Im Fernsehen kommen immer mehr Krimis, aber sie werden nicht spannender.
6. Früher konnte man überall im Meer baden und mußte keine Angst vor der Wasserverschmutzung haben.
7. Ich habe auf der Post meinen Geldbeutel verloren und habe es nicht bemerkt.
8. Die Abschlußprüfung kommt immer näher, aber ich habe keine Zeit für eine intensive Vorbereitung.

GR 22B

Ü3 Attribute: Analysieren Sie diese Sätze wie in 22B4.

1. Acht Monate nach Bekanntwerden der Affäre um den früheren Ministerpräsidenten und dem Patt bei der Wahl im September des Vorjahres holten die Sozialdemokraten am Sonntag 52 bis 53,8 Prozent der Stimmen.

2. Sie erhalten Gutscheine für zwei Übernachtungen in Pensionen, Gasthöfen und kleinen Hotels, für das Menü "Heidelberger Studentenliebe" in einem typischen Heidelberger Restaurant, für eine 20%ige Ermäßigung auf die Vorstellungen der Städtischen Bühnen Heidelberg und für eine Informationsmappe mit originellen Vorschlägen.

Ü4 Reziproke Verben: „Eine Liebesgeschichte"

Das kann man viel einfacher ausdrücken:

1. Er sah sie selten, sie sah ihn auch selten.
2. Er begegnete ihr im Theater, dort begegnete sie auch ihm.
3. Er verliebte sich auf der Stelle in sie – ihr ging es genauso.
4. Er unterhielt sich sehr gut mit ihr und sie sich mit ihm auch.
5. Er verstand sie sofort; sie wußte immer, was er meinte.
6. Er küßte sie, und sie küßte ihn.
7. Ihre Liebe sollte ein Leben lang dauern; das wollten sie beide.
8. Er verstand sie zwar meist, aber sie ihn immer seltener.
9. Er stritt mit ihr über Kleinigkeiten; sie gab auch nicht nach!
10. Er half ihr nicht mehr bei der Arbeit, sie ihm auch nicht mehr.
11. In wichtigen Fragen gab es bald keine Einigung mehr! Schließlich .....

22B

6 Ü5 Ansichten / Meinungen ausdrücken
„Er sagte, er sagte, er sagte ..."

In diesem Zeitungstext sind viele Ausdrücke für „sagen" bzw. „eine Meinung äußern". Beispiel: *(etwas) zum Ausdruck bringen* (Zeile 3–4).
Sammeln Sie diese Ausdrücke:

zum Ausdruck bringen

sagen / Meinung äußern

Ein verdienter Sieg

Eigener Bericht unseres Korrespondenten

Der Vorsitzende der SPD brachte heute in einem Interview zum Ausdruck, daß ihn dieser Sieg freue. Seiner Meinung nach sei dieser Sieg verdient. Er äußerte, daß man nun mit Hoffnung in die Zukunft blicken könne. Er forderte die Wähler auf, mehr Vertrauen zu den Politikern zu haben. Es sei falsch, alle Politiker pauschal zu verurteilen. Seiner Überzeugung nach seien viele Politiker besser als ihr Ruf. Er sprach sich für Offenheit und Ehrlichkeit in der Politik aus. Zum Schluß des Interviews bekräftigte er seine Absicht, alles zu tun, um das verlorene Vertrauen in die Politik wieder zurückzugewinnen.

7 Ü6 Zusammengesetzte Adjektive: „...... zu allem fähig!"
Schreiben Sie diese Sätze um: Verwenden Sie zusammengesetzte Adjektive.

1. Das menschliche Gehirn kann enorm viele Daten aufnehmen und sehr viel leisten.

2. Als man den Mann schließlich im Schnee fand, konnte er sich fast nicht mehr bewegen, weil es so kalt war.

3. "Diese Partei kann nicht mehr urteilen, sie kann nicht mehr handeln und nicht mehr regieren", sagte der Politiker. "Die neue Koalition dagegen hat eine Mehrheit, die tragen kann, und ein Programm, das sich entwickeln kann!"

4. Als die Firma keine Rechnungen mehr bezahlen konnte, mußte sie Konkurs anmelden.

5. Wenn man krank ist, braucht man vom Arzt eine Bescheinigung, daß man nicht arbeiten kann.

23A

Die Deutschen sind ganz verrückt aufs Reisen

Ü1 Lesen Sie noch einmal Text ①. In welcher Reihenfolge finden Sie darin die folgenden Informationen? 2

A) Die Deutschen sind 1987 noch mehr gereist als 1986.

D) 64,6% der Deutschen machen mehr als 5 Tage Urlaub im Jahr.

G) Immer mehr Leute machen Urlaub im Ausland.

E) Urlaub im Ausland:
Platz 1: Italien
Platz 2: Spanien
Platz 3: Österreich

C) Immer mehr Deutsche verreisen öfter als einmal im Jahr.

F) 30,9% der Deutschen haben in der Bundesrepublik Urlaub gemacht: Die Bundesrepublik ist immer noch das beliebteste Reiseziel.

H) 1987: 31,1 Millionen Urlaubsreisende

B) "Reiseanalyse 1987": 6000 Interviews

1	2	3	4	5	6	7	8
A							

Interview mit einem Tourismus-Experten 3

Ü2 1. Hören Sie das Interview und streichen Sie aus der folgenden Liste die Stichwörter, die *nicht* in dem Gespräch vorkommen:

Reisebüro - Reisegewohnheiten - Reisegesellschaft - Deutsche - Ausländer - Problematik - Sport - Wasserski - Wunschziel - Verkauf - Rückgang - Zuwachs - Reiseanalyse - Tourismus - Süddeutschland - Norddeutschland - Unterschiede - Tendenz - Duft - Europa - kunstorientiert - Clubreisen - Busreisen - Reiseziele - Spanien - Flugzeug - Auto - Zielgebiet - Unfreundlichkeit - Gastfreundschaft - Schönheit - Geld - Maximum - Gebiet - im Schnitt - pro Person - Bayern - Ruhrgebiet - Entwicklungen - Zukunft - Krisenbranche - Dienstleistung - Anspruch - Interesse - Urlaub - Vergangenheit

2. Erzählen Sie mit Hilfe der „richtigen" Stichwortliste den Inhalt des Gesprächs nach.

23A Urlaubsreisen in den 90er Jahren
Kurz, oft, spontan

Das Reiseverhalten der Deutschen wird sich auf vielen Gebieten entscheidend wandeln. Welche Trends zeichnen sich im Tourismus der 90er Jahre ab? Freizeit-Spezialist Professor Horst Opaschowski ist dieser Frage nachgegangen.

Ü3 Fünf Schlagzeilen – fünf Textabschnitte:
Welche Schlagzeile (1–5) gehört zu welchem Abschnitt (A–E)? Ordnen Sie zu.

Trend Nr. 1: Sonnige Ziele

Trend Nr. 2: Kürzere Reisen

Trend Nr. 3: Spontaneität

Trend Nr. 4: Individueller

Trend Nr. 5: Schöne Natur

A Reiseziele mit Sonnengarantie sind gefragt. Für fast jeden zweiten Bundesbürger gilt der Grundsatz: „Lieber eine Reise in den sonnigen Süden als zwei Reisen innerhalb Deutschlands." Für die deutschen Fremdenverkehrsgebiete brechen schwere Zeiten an. Mit dem Wunsch nach Wärme verbunden ist die Nachfrage nach Reisezielen mit Bademöglichkeit. 52 Prozent der Bundesbürger wollen im Sommerurlaub auch schwimmen.

B Drei Viertel aller Bundesbürger stellen sich ihre Urlaubsreise gern „ganz individuell zusammen", die Neigung zum unabhängigen Reisen nach eigenen Wunschvorstellungen wächst. Dabei haben die deutschen Urlaubsreisenden zwei Seelen in ihrer Brust: Sie möchten zum einen die Sicherheit und Bequemlichkeit von Reisebüros und Reiseveranstaltern in Anspruch nehmen, zugleich aber die Freiheit und Unabhängigkeit des Individual-Reisenden genießen.

C 84 Prozent der Bevölkerung legen „großen Wert auf schöne Natur und saubere Landschaft". Viele werden sich künftig eher mit einer künstlich geschaffenen, schön anzuschauenden Naturkulisse zufriedengeben, als eine Naturlandschaft zu wählen, die belastet oder betoniert, zersiedelt oder zerstört ist.

D Spontaner, öfter, kürzer – so läßt sich die neue Einstellung zum Reisen umschreiben. Jeder dritte Bundesbürger zählt sich mittlerweile zur Gruppe der Kurz- bzw. Spätentschlossenen, die am liebsten spontan – ohne Plan und Termindruck – verreist. Gleichzeitig wächst die Neigung zur Mobilität im Urlaub. Ausflüge, Rundfahrten, Auto-, Rad- und Wandertouren sind gefragt.

E Viele können oder wollen sich keine Drei-Wochen-Reise mehr leisten. Im gleichen Maße, wie die längeren Reisen zurückgehen, nehmen die kürzeren Reisen mit einer Dauer von zwei bis 13 Tagen zu. Am meisten gefragt sind Wochenend- sowie Drei- und Vier-Tage-Reisen, die keine langfristigen Reiseplanungen verlangen. Wer vom Berufsstreß für ein paar Tage aussteigen will, kann seine Entscheidung von Lust und Laune, vom Geldbeutel und nicht zuletzt vom Wetter abhängig machen.

1	A
2	
3	
4	
5	

Ü4 Erklären Sie kurz mit eigenen Worten die verschiedenen Reisetrends.

Ü5 Was ist für *Sie* wichtig, wenn Sie Urlaub machen?

Ü6 Hat sich das Urlaubsverhalten bei Ihren Bekannten in den letzten Jahren verändert?
Welche Trends haben Sie beobachtet?

Ü7 Vergleichen Sie die Reisetrends, die im Zeitungsartikel oben genannt werden, mit den Ausagen von Herrn Schanz im Interview (*Lehrbuch*, 23A3, letzter Punkt).
Welche Gemeinsamkeiten, welche Unterschiede stellen Sie fest?

23

Kurt Tucholsky
Die Kunst, falsch zu reisen

Ü 8 Ordnen Sie zu: Wo steht was?

Bild	Zeile	Text
A	1-3	
B	4-6	
C	7-8	
D	9-11	
E	12-17	
F	18-19	
G	20-21	
H	22	

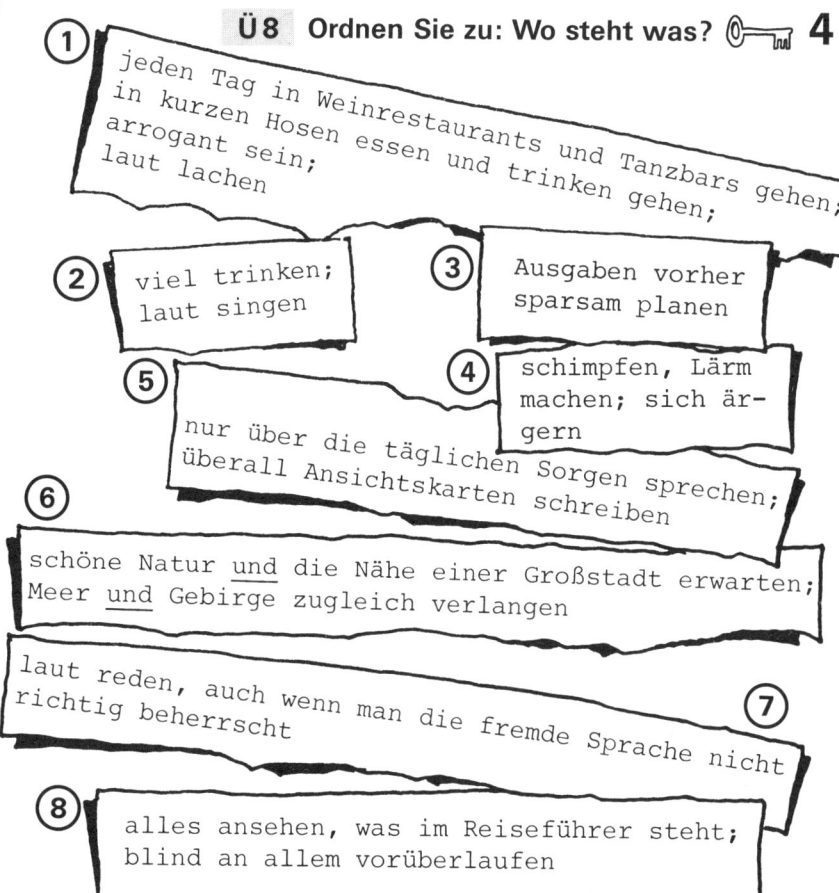

① jeden Tag in Weinrestaurants und Tanzbars gehen; in kurzen Hosen essen und trinken gehen; arrogant sein; laut lachen

② viel trinken; laut singen

③ Ausgaben vorher sparsam planen

④ schimpfen, Lärm machen; sich ärgern

⑤ nur über die täglichen Sorgen sprechen; überall Ansichtskarten schreiben

⑥ schöne Natur und die Nähe einer Großstadt erwarten; Meer und Gebirge zugleich verlangen

⑦ laut reden, auch wenn man die fremde Sprache nicht richtig beherrscht

⑧ alles ansehen, was im Reiseführer steht; blind an allem vorüberlaufen

Was machen Sie in Ihrer Freizeit?

Ü 9 Hören Sie die Interviews: Wer macht was in seiner Freizeit? Kreuzen Sie an – auch mehrere Kreuze sind möglich!

Hier sind Freizeitbeschäftigungen, die bei Umfragen in der Bundesrepublik besonders oft genannt werden:	Die Freizeitsportler:				Was machen Sie in Ihrer Freizeit?
	A	B	C	D	
fernsehen					
spazierengehen, wandern					
zu Hause faulenzen, schlafen					
Freunde besuchen, Gäste einladen					
Zeitung/Bücher lesen					
Radio hören					
im Garten arbeiten					
in ein Restaurant/Lokal gehen					
Sport treiben, sich fit halten					
.....					

Ü 10 Machen Sie in Ihrer Gruppe eine Umfrage und legen Sie dann eine Tabelle an:

Die beliebtesten Freizeitbeschäftigungen in meiner Gruppe:
1. Platz:
2. Platz:

23A

7 JOHANN WOLFGANG VON GOETHE
Heidenröslein

Friederike Brion, die wohl den wesentlichen Anstoß zu Goethes Gedicht „Heidenröslein" (*Lehrbuch,* 23A7) gab, starb 1813 in Meißenheim, einem kleinen Ort im heutigen Südbaden. Nicht weit davon entfernt, in Frankreich, sind Straßburg, wo Goethe studierte, und Sesenheim, wo er Friederike begegnete.
Auf ihrem Grabstein an der Kirche von Meißenheim kann man dieses Bild von Friederike Brion sehen.

Ü 11 Vergleichen Sie dieses Bild mit dem Gedicht:
1. Was drückt dieses Frauenbildnis aus?
2. Welche Eigenschaften des „Heidenrösleins", die im Gedicht genannt werden, passen zu diesem Bild? Welche nicht? Warum (nicht)?

Ü 12 Erklären Sie mit eigenen Worten, was das kurze Gedicht auf dem Grabstein bedeutet.

Wir haben den Bürgermeister von Meißenheim wegen des Grabsteins von Friederike Brion angerufen. Hier ist der Brief, den er uns danach schrieb:

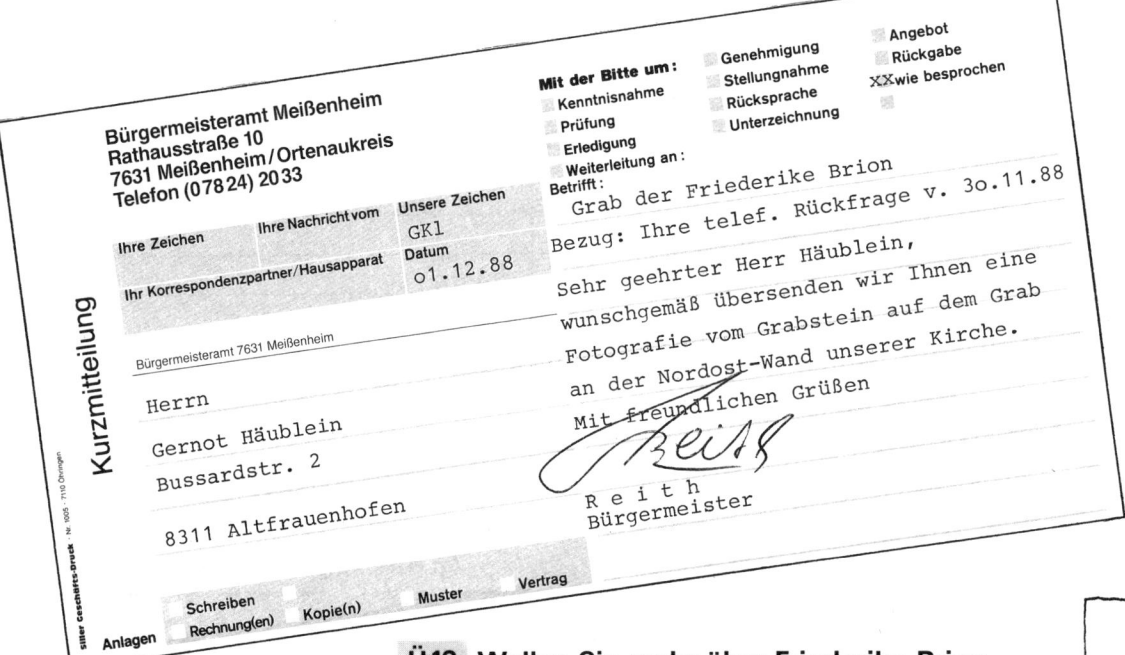

Ü 13 Wollen Sie mehr über Friederike Brion wissen? Schreiben Sie dem Bürgermeister.

Johann Wolfgang von Goethe

Erlkönig

Ü14 1. Lesen Sie diese Parodie, die Schüler auf Goethes Gedicht „Erlkönig" geschrieben haben:

Wer knattert so spät durch Nacht und Wind?
Es ist der Vater mit seinem Kind.
Der Sohn sitzt im Beiwagen sicher und warm.
Der Vater fährt Zickzack, daß Gott erbarm'!

Mein Sohn, was birgst du so bang dein Gesicht? 5
Siehst, Vater, du das Verkehrsschild dort nicht?
Das Schildchen, das kleine, was soll das Geschrei?!
Schon saust er um Haaresbreite vorbei.

Mein Sohn, schon wieder birgst du dein Gesicht?!
Siehst, Vater, du den Schutzmann dort nicht? 10
Mit Bleistift, Notizbuch und strengem Geschau –
Mein Sohn, mein Sohn, ich seh ihn genau.
Doch bleib nur ganz ruhig, mach dir keine Sorgen!
Ich kenn' seinen Chef, das regeln wir morgen!

Mein Vater, mein Vater, und siehst du nicht dort 15
Die Gans auf der Straße, oh scheuche sie fort!
Das Mistvieh, das seh ich, ich bin doch nicht dumm!
Das gibt einen Braten, ich fahr' sie gleich um!

Ich lieb' dich, mich reizt deine fette Gestalt,
Und weichst du nicht willig, so brauch' ich Gewalt! 20
Mein Vater, mein Vater, jetzt tut's einen Knall!
Der Scheinwerfer splittert, ein Schrei und ein Fall.

Die Straße, sie färbt sich vom Blute so rot,
Das Söhnchen, es lebt, doch die Gans, die ist tot!
Dem Vater, dem graust's nach dem schrecklichen Rutsch: 25
Zwar hat er die Gans, doch die HONDA ist futsch!

2. Wie finden Sie diese Parodie? Begründen Sie Ihre Meinung, eventuell mit Hilfe dieser Wörter:

+ ←——————————— +/– ——————————→ –

geistreich	langweilig	albern
witzig	fade	dümmlich
phantasievoll	banal	peinlich
spritzig		geschmacklos
frech		respektlos

23 SIT

Im Hotel

Ü1 Sie wollen ein paar Tage Urlaub in Heidelberg machen. Sie sind zu zweit und suchen ein kleines, komfortables, aber nicht zu teures Hotel, nicht zu weit vom Stadtzentrum.

1. Hier ist ein Ausschnitt aus dem Heidelberger Hotelverzeichnis; suchen Sie ein Hotel aus, das Ihren Wünschen entspricht:

2. Schreiben Sie einen Brief an das Hotel, das Sie ausgewählt haben, und buchen Sie ein Zimmer für drei Nächte. Äußern Sie u. a. folgende Wünsche / Fragen:

- Ruhiges Zimmer
- Parkmöglichkeit/Garage für Ihr Auto? Im Zimmerpreis enthalten?
- Entfernung Hotel – Stadtzentrum?
- Besondere Heidelberg-Arrangements?
- Besorgt das Hotel Theater-/Konzertkarten?
- Reservierung/Buchung bestätigen

```
Ihr Name            ..........................                    ..........................  Ort, Datum
Ihre Adresse        ..........................
                    ..........................
Adresse
des Hotels          ..........................
                    6900 HEIDELBERG

                    Sehr geehrte Damen und Herren,
```

GR 23B

Ü1 Konstruktion mit „sein zu ....":
„Eine merkwürdige Fernsehgeschichte"

Ein junger Mann sah eines Tages einen Fernsehfilm mit einer schönen Frau in der Hauptrolle. (1) Da <u>konnte</u> seine Begeisterung <u>nicht mehr gebremst werden</u>. (2) Diese Begeisterung <u>kann</u> dadurch <u>erklärt werden</u>, daß die Schauspielerin ihn an die „Mona Lisa" erinnerte. (3) Es <u>muß</u> dabei <u>berücksichtigt werden</u>, daß der junge Mann ein Kunstenthusiast war; und es <u>darf</u> auch nicht <u>vergessen werden</u>, daß junge Männer überhaupt sehr begeisterungsfähig sind!

(4) Es <u>muß</u> schließlich noch <u>gesagt werden</u>, daß es gefährlich sein kann, einen Film mit der Realität zu verwechseln.

Das kann man kürzer schreiben: 🗝 **1**

(1) *Da war seine Begeisterung nicht mehr zu bremsen!*

(2) _____

(3) _____

(4) _____

Ü2 Konstruktion mit „haben zu ....":
Verbraucherschutz-Bestimmungen

1. Sie haben in einem Geschäft eine Schallplatte für DM 22,- gekauft. Sie sehen dann die gleiche Platte im Schaufenster desselben Geschäftes für DM 16,-. <u>Das Geschäft muß Ihnen die Platte für DM 16,- verkaufen!</u>

2. Sie haben ein Paar Schuhe gekauft. Zu Hause stellen Sie fest, daß der linke Schuh Größe 43, der rechte Schuh Größe 44 ist. <u>Das Geschäft muß die Schuhe umtauschen.</u>

3. Sie haben eine Waschmaschine gekauft und 6 Monate Garantie bekommen. Nach 3 Monaten geht der Motor kaputt. <u>Die Firma muß einen neuen Motor einbauen!</u>

4. Sie haben eine Schreibmaschine gekauft. Nach 2 Tagen geht die "i"-Taste nicht mehr richtig. <u>Das Geschäft muß die Schreibmaschine reparieren!</u>

5. Sie wollen Handschuhe kaufen. Sie finden ein Paar, das Ihnen gefällt. Zu Hause stellen Sie fest, daß am linken Handschuh ein Fleck ist. Sie wollen die Handschuhe aber behalten. <u>Das Geschäft muß Ihnen einen Preisnachlaß geben!</u>

Das kann man auch anders ausdrücken: 🗝 **2**

1. *Das Geschäft hat Ihnen die Platte für...*

2. _____

3. _____

4. _____

5. _____

23B GR

3 Ü3 Modalverben, Partizip II: „Gesünder leben!"

1. Jahrelang habe ich zuviel geraucht: Das war falsch! (weniger rauchen)
2. Keiner hat mir gesagt, daß Rauchen ungesund ist! (jemand sagen)
3. Und so viel trinken, das war auch ungesund! (weniger trinken)
4. Und lauter ungesunde Sachen habe ich gegessen! (besser aufpassen)
5. Ich habe keinen Sport getrieben! (mich bewegen) (schwimmen oder joggen)
6. Jetzt ist es zu spät! (nicht passieren)
7. Ihr habt mich nicht gewarnt! (warnen)
8. Ihr habt mir nichts gesagt! (etwas sagen)
9. Ihr habt mir nicht geholfen! (helfen)

Handschriftliche Antworten:
1. Ich hätte weniger rauchen sollen!
2. Das hätte mir jemand
6. Das hätte nicht
7. Ihr hättet mich

4 Ü4 Nebensätze ohne Konjunktionen: „Reisetips"

1. Wollen Sie reisen, dann müssen Sie sich gut vorbereiten!
2. Wollen Sie z. B. nach Italien, dann sollten Sie sich über Kunstgeschichte informieren.
3. Gibt es in diesem Land auch viel zu sehen, liegen doch viele Leute 4 Wochen lang nur am Strand!
4. Man kann vermuten: Sie haben von Kunst keine Ahnung!
5. Besuchen Sie in Italien eine Kirche, achten Sie bitte auf dezente Kleidung.
6. Gibt es auch noch so viele Hinweise, laufen doch viele Touristen in Shorts in den Kirchen herum!
7. Es ist deutlich: Sie wissen nicht, was sich gehört.
8. Gehen Sie in ein Gasthaus, sollten Sie nicht zuviel Wein trinken.
9. Schmeckt der Wein auch gut, ist er doch gefährlich.
10. Man kann aber sagen: *Ein* Gläschen schadet nicht.
11. Sind Sie in Rom, tun Sie, was die Römer tun!

Formen Sie diese Sätze in *wenn-/obwohl-* oder *daß*-Sätze um:

Handschriftliche Antworten:
1. Wenn Sie reisen wollen, dann
3. Obwohl es in diesem Land
4. Man kann vermuten, daß

Zeitangaben

Starnberg, 8. 3. 1988 – Eig. Ber.

Der Studienkreis für Touristik hat in seiner gestern veröffentlichten Untersuchung die Trends im Urlaubsverhalten der Bundesdeutschen von Beginn der 60er Jahre bis heute analysiert.

Besonders auffällig sind die Veränderungen des Urlaubsverhaltens in den letzten Jahren. Waren es 1987 noch 31,1 Millionen, die Urlaub gemacht haben, so waren es in diesem Jahr schon 3,5 Millionen mehr. Die Analyse besagt, daß die Zahlen von 1960 bis 1988 beständig gestiegen sind. Urlaubsreisen von mehr als 5 Tagen Dauer haben im letzten Jahr 64,6% der Bevölkerung unternommen. Immer mehr Leute können es sich in den letzten Jahren leisten, mehrmals im Jahr zu verreisen.

Und wie sehen die Prognosen für die kommenden Jahre aus? Im nächsten Jahr steht bei den ausländischen Ferienzielen sicher wieder Italien auf Platz 1. Auch in den 90er Jahren ist mit einem Ansteigen des Auslandsreiseverkehrs zu rechnen.

Was aber wird im Jahr 2000 sein? Bis heute fehlen dazu präzisere Prognosen; wir nehmen aber an, daß dann im Sommer überhaupt niemand mehr in der Bundesrepublik sein wird – außer einigen ausländischen Touristen!

Ü 5 Unterstreichen Sie alle *Zeitangaben* in diesem Text und tragen Sie sie in die folgende Tabelle ein:

Zeitpunkt	Zeitraum	Zeitspanne	Häufigkeit
– 8. 3. 1988	in den letzten Jahren	– von Beginn der 60er Jahre bis heute	

24

1 *Fredrik Vahle*
Die Krähe

Ü1 Sehen Sie sich die Bilder zum Lied „Die Krähe" (*Lehrbuch*, 24.1) noch einmal genau an. Erzählen Sie die Geschichte mit Hilfe der Bilder als Märchen:

Es war einmal ein Bauer, der lebte ganz allein am Rande eines großen Waldes. Es war Winter, alles war tief verschneit. Eines Tages ....

2 **Ü2** „Wort-Reihe" als Dominospiel:
Legen Sie immer drei Dominosteine so aneinander, daß daraus die Stichwörter für den Anfang einer Geschichte entstehen. Erzählen Sie dann die ganze Geschichte.
Beispiel:

| Familie | 3 Kinder | 3 Kinder | Urlaub | Urlaub | Australien |

Familie – 3 Kinder
Wurst – Auto
Australien – Baum
Hund – Kino
Fahrer – München
Stadt – Hund
Autostop – Italien
..... – .....
Baum – Katze
Urlaub – Australien
Auto – Radio
Auto – Familie
Radio – Reklame
3 Kinder – Urlaub
..... – .....
Fasching – Clown
Katze – Hund
Hund – Autostop
Kino – Baum
..... – .....
München – Fasching
..... – .....

24

Ü 3 „Nichts als Komplimente" – Wer schreibt den „feurigsten" Liebesbrief?

Hier sind einige Wörter/Ausdrücke, die Sie beim Schreiben verwenden könnten:
a) Mit diesen Adverbien kann man eine Qualität besonders hervorheben, z. B.:
sehr hübsch, *außerordentlich* klug

ganz, sehr, besonders, ganz besonders, außerordentlich, überaus, einmalig, wunderbar, unglaublich, ungeheuer

b) Mit solchen Adjektiven kann man positive Eigenschaften ausdrücken, z. B.:
Ihr *entzückendes* Kleid; Ihr Kleid war *entzückend!*

hübsch, schön, reizend, entzückend, bezaubernd, hinreißend; sympathisch, liebenswürdig, charmant, eindrucksvoll; heiter, fröhlich, warmherzig, herzlich; klug, intelligent, brillant

Wolfgang Ecke
Der Bildband

Ü 4 Lesen Sie bitte noch einmal die Geschichte durch (*Lehrbuch*, 24.3).

1. Herr Schatz, der Detektiv, hat sich zu diesem Fall ein paar Fragen notiert. Beantworten Sie diese Fragen, ohne im Text nachzulesen:
   – Wo ist der Diebstahl passiert?
   – Wann ist der Diebstahl geschehen?
   – Wer kommt als Dieb in Frage?

2. Lesen Sie nun den Text genau und machen Sie Notizen zu den folgenden Fragen:

Aussagen von Frau Knödler	Was sagen die verdächtigen Personen selbst?
..... über Herrn Langbein:	Herr Langbein:
..... über Frau Stolze:	Frau Stolze:

3. Wo gibt es Widersprüche zwischen den Aussagen von Frau Knödler, Herrn Langbein und Frau Stolze?

5 Ü5 „Fernsehsendung": Planen Sie Ihr Wunschprogramm für einen Fernsehabend.

1. Machen Sie Notizen zu den Sendungen, die Sie „bringen" wollen:

- die Nachrichten _____
- der Wetterbericht _____
- mein Lieblingsfilm _____
- mein Sportprogramm _____
- mein(e) Lieblingspolitiker(in) _____
- meine Unterhaltungsshow _____
- mein Kulturprogramm _____
- mein Musikprogramm _____
- meine Werbung _____

2. Stellen Sie das Programm für die Zuschauer zusammen:

19:00
20:00
21:00
22:00
23:00
24:00
01:00 (Sendeschluß)

6 Ü6

1. Ist das ein Werkzeug/Gerät oder eine Person/ein Beruf?
   Benutzen Sie ein Wörterbuch und kreuzen Sie an:

	Werkzeug/Gerät	Person/Beruf
1. der Kocher		
2. der Erfinder		
3. der Zigarettenspender		
4. der Rauchverzehrer		
5. der Kettenraucher		
6. der Locher		
7. der Büchermacher		
8. der Schnellhefter		

	Werkzeug/Gerät	Person/Beruf
9. der Buchdrucker		
10. der Wäschetrockner		
11. der Glasschneider		
12. der Glaser		
13. der Plattenspieler		
14. der Feuerlöscher		
15. der Schuhputzer		

2. Wählen Sie einige Begriffe aus dieser Liste und erklären Sie sie, z. B.:
   Ein *Kettenraucher* ist ein Mann, der eine Zigarette nach der anderen raucht.

7 Ü7 Hier sind weitere ganz neue, seltene Berufe:

```
der Fernseh-Helfer:    Er hilft Ihnen jeden Abend bei der Zusammenstellung des Programms!
der Freizeit-Berater:  Er tut für Sie nichts, wenn Sie keine Zeit haben!
der Schlaf-Tester:     Er schläft für Sie und probiert alle Betten aus!
der Wörter-Käufer:     Er kauft alle schwierigen Wörter und verkauft Ihnen dafür einfache!
der Hilfs-Lerner:      Er geht für Sie zum Deutschkurs und lernt alles, was Sie nicht
                       lernen wollen!
der Dauer-Lober:       Er ist immer da, wenn es Ihnen nicht gut geht, und sagt Ihnen,
                       daß er Sie ganz prima, ganz toll, ganz super ..... findet!
```

Sie interessieren sich für einen dieser neuen Berufe. Beschreiben Sie einem Freund, welche Vorteile dieser neuartige Beruf hat und wie gut er im Vergleich zu Ihrem jetzigen Beruf ist!

Abschlußtest nach dem Muster der Zertifikatsprüfung „Deutsch als Fremdsprache"

SCHRIFTLICHE PRÜFUNG

TEST 1: LESEVERSTEHEN

Text 1: Lesen Sie zuerst den folgenden Text:

Dürfen Jugendliche arbeiten? – Das Jugendarbeitsschutzgesetz

Für berufstätige Jugendliche gibt es einen besonderen gesetzlichen Schutz. Das Jugendarbeitsschutzgesetz von 1976 hat wichtige Verbesserungen gebracht. Das Mindestalter für die Beschäftigung Jugendlicher ist von 14 auf 15 Jahre erhöht worden.

Kinderarbeit ist grundsätzlich verboten. Ausnahmen: leichte Arbeit von Kindern über 13 in der Landwirtschaft, beim Zeitungsaustragen und beim Sport. Dadurch darf aber der Erfolg in der Schule nicht gefährdet werden.

Jugendliche dürfen täglich nicht mehr als 8 Stunden und wöchentlich nicht mehr als 40 Stunden arbeiten. Also: Fünf-Tage-Woche für Jugendliche. Bei Ausnahmen (Wochenend- und Feiertagsarbeit) muß an einem anderen Tag Freizeit gegeben werden. Weitere begründete Ausnahmen kann der Bundesarbeitsminister zulassen.

Zwischen 20 Uhr abends und 7 Uhr morgens dürfen Jugendliche grundsätzlich nicht beschäftigt werden. Der Urlaub für Jugendliche wurde verlängert. Bisher galten 24 Werktage als Mindesturlaub. Jetzt bekommen 15jährige einen Jahresurlaub von 30 Werktagen, 16jährige von 27 und 17jährige von 25 Werktagen. Jugendliche, die im Bergbau arbeiten, erhalten 3 Tage mehr Urlaub.

Akkordarbeit und andere Arbeiten, bei denen sie durch höheres Tempo mehr verdienen können, sind für Jugendliche nicht erlaubt.

Vor ihrer Berufstätigkeit müssen Jugendliche ärztlich untersucht werden. Nach dem ersten Beschäftigungsjahr ist eine Kontrolluntersuchung vorgeschrieben. Außerdem kann sich der Jugendliche noch einmal jedes Jahr nachuntersuchen lassen.

Leider gibt es viele Klagen darüber, daß die Vorschriften des Jugendarbeitsschutzes nicht beachtet werden. Verstöße gegen das Jugendarbeitsschutzgesetz können jetzt strenger bestraft werden, z.B. mit Bußgeld von 5000 bis 20 000 DM.

Schließlich: Jugendliche dürfen nicht geschlagen werden. Der falsche Grundsatz: „Eine Ohrfeige hat noch niemandem geschadet" ist gegen die Vorschriften des Jugendarbeitsschutzgesetzes!

Abschlußtest

Zu den folgenden 5 Aufgaben gibt Ihnen nur der Text die richtige Antwort! Lesen Sie also bei jeder Aufgabe nochmals im Text nach. Zu jeder Aufgabe gibt es drei falsche Antworten und eine richtige. Markieren Sie den Buchstaben mit der *richtigen* Antwort.

1. (Zeile 1 - 11) Das Jugendarbeitsschutzgesetz von 1976 regelt die Berufstätigkeit von Jugendlichen. Welche der folgenden Angaben steht <u>sicher</u> in diesem Gesetz?

    a) Jugendliche dürfen erst mit 15 Jahren arbeiten.
    b) Kinder dürfen ab 12 Jahren arbeiten.
    c) Kinder dürfen auch schwere Arbeit machen.
    d) Kinder, die arbeiten, müssen nicht zur Schule gehen.

2. (Zeile 12 - 22) Was ist <u>gegen</u> die Bestimmungen des Jugendarbeitsschutzgesetzes?

    a) Jugendliche dürfen höchstens 8 Stunden am Tag arbeiten.
    b) Jugendliche dürfen am Abend auch nach 8 Uhr beschäftigt werden.
    c) Der Bundesarbeitsminister regelt Ausnahmen.
    d) Wenn Jugendliche an einem Feiertag arbeiten, müssen sie dafür zusätzliche Freizeit bekommen.

3. (Zeile 22 - 28) Was sagt das Gesetz über Urlaubszeiten?

    a) Jugendliche erhalten seit 1976 mindestens 24 Tage Urlaub im Jahr.
    b) Für 15jährige wurde 1976 der Jahresurlaub auf mindestens 30 Werktage verlängert.
    c) 16jährige erhalten jetzt mindestens 5 Wochen Urlaub (5-Tage-Woche).
    d) 17jährige bekommen 3 Tage mehr Urlaub als 16jährige.

4. (Zeile 29 - 37) Was steht im Text zum Thema Gesundheitsschutz?

    a) Auch Jugendliche sollem mit hohem Tempo arbeiten.
    b) Akkordarbeit ist für Jugendliche manchmal erlaubt.
    c) Bevor Jugendliche zu arbeiten anfangen, muß ein Arzt ihre Gesundheit überprüfen.
    d) Wenn Jugendliche ein halbes Jahr gearbeitet haben, müssen sie zum Arzt gehen und sich untersuchen lassen.

5. (Zeile 38 - 48) Welche Informationen über Verstöße gegen das Jugendarbeitsschutzgesetz finden Sie?

    a) Das Gesetz wird immer mehr beachtet.
    b) Bei Verstößen ist die Geldstrafe mindestens DM 20.000.
    c) Jugendliche dürfen nur dann geschlagen werden, wenn sie in der Arbeit Fehler machen.
    d) Das Bußgeld gegen Verstöße wurde auf DM 5.000 bis 20.000 erhöht.

Text 2:

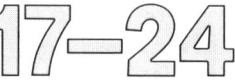

Leben in der Stadt oder Leben auf dem Land?

Kürzlich habe ich in der Stadt einen alten Bekannten getroffen, den ich schon lange nicht mehr gesehen hatte. Er erzählte mir, er habe seine Wohnung in der Großstadt aufgegeben und sei mit seiner Familie in ein benachbartes Dorf gezogen. Was denn am Leben auf dem Land so attraktiv sei, wollte ich wissen. „Ist es nicht wunderbar, am Morgen vom Vogelgesang im Garten geweckt zu werden und am Abend nach der Arbeit noch einen gemütlichen Spaziergang durch den Wald hinter dem Haus zu machen?", fragte er mich. Wo *ich* wohne, sehe ich am Abend in den anderen Wohnungen meines Wohnblocks höchstens das Geflimmer der „Sportschau" im Fernsehen, wenn ich zum Fenster hinausschaue!

Mein Bekannter ist mittlerweile ein überzeugter Dorfbewohner. In der Stadt könne man die Kinder nicht ohne Aufsicht lassen, wenn sie auf die Straße gingen, meinte er, die Spielplätze seien total verschmutzt, und wenn die Kinder Freunde besuchen wollten, müsse man immer Chauffeur spielen. „Im Dorf kann man sie frei laufen lassen! Den ganzen Tag können sie draußen radfahren, herumtoben oder im Wald Indianer und Cowboy spielen. Und am Abend sind sie müde und wollen nicht noch stundenlang fernsehen."

Für das Leben auf dem Land gibt es sicher noch viele Argumente, z. B. daß die Wohnungsmieten billiger sind, daß es mehr frische Luft und weniger Verkehrslärm gibt und daß man viele Leute kennt.

Wenn ich mir das aber genau überlege, möchte ich doch nicht tauschen. Ich bin nicht verheiratet. Um mich kümmert sich niemand, niemand guckt mir in den Kochtopf. Wenn ich am Abend nicht zu Hause bleiben will – in der Stadt gibt es Theater und Kinos und jede Menge Kneipen, wo ich mich mit Bekannten treffen kann, wann immer ich will.

„Stadtluft macht frei", heißt ein Sprichwort. Ich glaube, ich bleibe doch lieber in meiner Betonburg!

Zu den folgenden fünf Aufgaben gibt Ihnen nur der Text die richtige Antwort. Lesen Sie also bei jeder Aufgabe nochmals im Text nach.
Jede Aufgabe hat nur *eine* richtige Antwort. Markieren Sie den Buchstaben mit der richtigen Antwort.

    Zeile 1 - 12
    6. Was bedeutet: "Mein Bekannter hat seine Wohnung in der Großstadt aufgegeben"?
       a) Er hat seine Familie verlassen.
       b) Er ist aus seiner Wohnung in der Großstadt ausgezogen.
       c) Er wohnt bei einer benachbarten Familie.
       d) Er besucht Nachbarn auf dem Land.

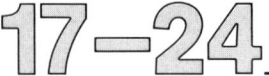

Abschlußtest

7. Der Bekannte vom Dorf hat unter anderem gesagt:
   a) Am Morgen singen im Garten die Vögel.
   b) Er wird am Morgen im Garten geweckt.
   c) Am Abend macht er noch einen Spaziergang um den Wald herum.
   d) Am Abend geht er noch im Garten spazieren.

Zeile 12 - 33

8. In der Großstadt ...
   a) ... kann man die Kinder jederzeit allein auf die Straße lassen.
   b) ... gibt es sehr schöne Spielplätze.
   c) ... können die Kinder Chauffeur spielen.
   d) ... müssen die Eltern ihre Kinder meist im Auto zu Freunden bringen.

9. Auf dem Land ...
   a) ... sind die Wohnungen teurer als in der Stadt.
   b) ... ist der Verkehr lauter.
   c) ... ist die Luft sauberer.
   d) ... kennt man kaum Leute.

Zeile 34 - 44

10. Der Großstädter möchte nicht aus der Stadt wegziehen, weil ...
    a) ... er verheiratet ist.
    b) ... es dort Theater, Kinos und viele Lokale gibt.
    c) ... ihn in der Kneipe niemand kennt.
    d) ... er sich am Abend gerne die "Sportschau" im Fernsehen anschaut.

TEST 2: SCHRIFTLICHER AUSDRUCK (BRIEF)

Ein deutscher Brieffreund / Eine deutsche Brieffreundin hat Sie gebeten, doch einmal etwas über Ihren Beruf zu schreiben. Erfüllen Sie diesen Wunsch und schreiben Sie etwas zu den folgenden fünf Fragen:

11. Was sind Sie von Beruf?
12. Wie sind Sie zu Ihrem Beruf gekommen?
13. Welche Berufsausbildung haben Sie absolviert?
14. Beschreiben Sie eine besonders typische bzw. besonders interessante Tätigkeit aus Ihrem Beruf.
15. Was gefällt Ihnen an Ihrem Beruf, was nicht?

Vergessen Sie auch nicht Datum, Anrede, Gruß und Unterschrift!
Schreiben Sie zu *allen* Punkten wenigstens 1–2 Sätze!

Abschlußtest

TEST 3: HÖRVERSTEHEN

Sie hören jetzt ein Gespräch. Dazu sollen Sie 10 Aufgaben lösen. Bei jeder Aufgabe sollen Sie feststellen: Habe ich das im Text gehört oder nicht? Die richtige Lösung kreuzen Sie an.
Hören Sie zuerst das ganze Gespräch, ohne zu schreiben. Sie hören danach das Gespräch in zwei Abschnitten noch einmal.

(Erstes Hören: Abschnitte ① und ②)

Lesen Sie jetzt die Aufgaben 16–20 zum 1. Abschnitt! Sie haben dafür 1 Minute Zeit.

Zu Abschnitt ①:

	gehört	nicht gehört
16. In der Zeitung steht: Die Deutschen machen am liebsten in Deutschland Urlaub.		
17. Die junge Frau meint, daß hauptsächlich junge Leute in Deutschland Urlaub machen.		
18. Der junge Mann meint: Für junge Leute ist Deutschland besonders im Winter attraktiv.		
19. Die Schigebiete in Deutschland sind besser als in Frankreich.		
20. In Frankreich ist es im Sommer wärmer als in Deutschland.		

Hören Sie jetzt den 1. Abschnitt noch einmal! Beim Hören oder danach markieren Sie die Lösungen.
Fragen Sie sich bei jeder Aufgabe: Habe ich das im Text gehört?
Wenn ja, markieren Sie „gehört"; wenn nein, markieren Sie „nicht gehört".

(Zweites Hören: Abschnitt ①)

Lesen Sie jetzt die Aufgaben 21–25 zum 2. Abschnitt! Sie haben dafür 1 Minute Zeit.

Zu Abschnitt ②:
Stefanie meint, ...

	gehört	nicht gehört
21. ... die Mittelmeerländer seien bei den Deutschen als Reiseziel besonders beliebt.		
22. ... in Österreich könne man gut wandern, aber nicht so gut Schi fahren.		
23. ... die Schweiz sei billiger als Österreich.		
24. ... In Österreich hätten die deutschen Urlauber mit der Sprache keine Schwierigkeiten.		
25. ... in den Mittelmeerländern sei das Klima milder als in Deutschland.		

Hören Sie jetzt den 2. Abschnitt noch einmal und lösen Sie die Aufgaben 21–25!

(Zweites Hören: Abschnitt ②)

Abschlußtest

TEST 4: STRUKTUREN/WORTSCHATZ

Bitte suchen Sie das richtige Wort oder den richtigen Satz, und markieren Sie, ob die Lösung a, b, c oder d richtig ist.

Beispiel:

Was, schon so spät? Dann ..... ich lieber gleich los!

    a) fährt
    b) fahre
    c) fahren
    d) fahrt

26. Wie schreibt man ..... Namen? Buchstabieren Sie bitte!

    a) dein
    b) Ihren
    c) deinen
    d) euren

27. ..... bitte so gut und gib mir mal den Bleistift rüber.

    a) Sind
    b) Seid
    c) Sei
    d) Sein

28. ..... Sie auch ein Bier? - Nein, danke, ich nehme lieber Sprudel.

    a) Trinkt
    b) Trinkst
    c) Trinken
    d) Trinke

29. Warum ..... man denn hier nicht parken? - Weil hier ein Parkverbotsschild steht!

    a) dürfen
    b) darf
    c) darfst
    d) dürft

30. Um 8 Uhr ..... Fritz aufgestanden. Dann hat er gefrühstückt.

    a) hat
    b) ist
    c) hatte
    d) wird

31. Als Herr Berger um Mitternacht nach Hause kam, ... seine Frau schon lange.

    a) schlafen
    b) schlaft
    c) schläft
    d) schlief

Abschlußtest

32. Wann ..... Herr Direktor Freese in Frankfurt .....? - Morgen abend gegen 20 Uhr.

   a) werde ... ankommen
   b) ist ... angekommen
   c) wird ... ankommen
   d) war ... angekommen

33. Wann sind denn diese Aufnahmen gemacht .....? - Vor ungefähr einem Jahr.

   a) geworden
   b) werden
   c) worden
   d) wurden

34. Wie gefällt dir mein ..... Mantel? - Er steht dir ausgezeichnet!

   a) neues
   b) neuem
   c) neuer
   d) neuen

35. Magst du mein ..... Kleid? - Ja, sehr!

   a) roten
   b) roter
   c) rotes
   d) rotem

36. ..... ich Vorfahrt hatte, fuhr der andere Wagen einfach über die Kreuzung.

   a) Wenn
   b) Obwohl
   c) Trotzdem
   d) Weil

37. ..... es am Sonntag regnet, fahren wir nicht in die Berge!

   a) Obwohl
   b) Wann
   c) Damit
   d) Wenn

38. Ich weiß, ... Frau Schäfer heute nicht kommt, weil sie krank ist.

   a) das
   b) daß
   c) die
   d) damit

39. ..... Goethe lebte, gab es noch keine Autos.

   a) Als
   b) Wenn
   c) Wann
   d) Wie

Abschlußtest

40. Der Wolf setzte eine Brille auf, ... er Rotkäppchen besser sehen konnte.

    a) dadurch
    b) damit
    c) dabei
    d) davon

41. ..... wir im Kino waren, wurde unser Auto gestohlen.

    a) Wann
    b) Wenn
    c) Während
    d) Wobei

42. Können Sie mir sagen, ... das Theater heute um 19 Uhr beginnt?

    a) ob
    b) wenn
    c) wann
    d) wie

43. Ein Bäcker ist ein Mann, ... Brot backt.

    a) das
    b) der
    c) was
    d) wo

44. Weil ich zu spät gekommen war, ...

    a) konnte ich den Anfang des Vortrags nicht mehr hören.
    b) ich konnte den Anfang des Vortrags nicht mehr hören.
    c) ich nicht konnte den Anfang des Vortrags mehr hören.
    d) ich konnte nicht mehr den Anfang des Vortrags hören.

45. Obwohl er behauptet, er ..... Schauspieler, habe ich doch große Zweifel.

    a) sein
    b) seien
    c) sei
    d) seid

46. Warum bist du denn nicht gekommen? Wir hatten dir doch geschrieben, ...

    a) daß du jederzeit besuchen uns kannst.
    b) daß du uns jederzeit besuchen kannst.
    c) daß du uns jederzeit kannst besuchen.
    d) daß jederzeit du kannst uns besuchen.

47. Viele Menschen machen sich Sorgen ..... die Zukunft der Erde.

    a) um
    b) für
    c) wegen
    d) auf

48. ..... diesem Menschen muß ich Sie warnen; er ist sehr gefährlich!

    a) Von
    b) Vor
    c) Gegen
    d) Über

Abschlußtest 17-24

49. Ich habe große Sehnsucht ..... meiner alten Heimat.

   a) nach
   b) von
   c) zu
   d) über

50. Er ist ..... Fußball sehr interessiert.

   a) über
   b) für
   c) an
   d) um

51. Ich bin froh, eine zusätzliche Ausbildung ...

   a) gemacht haben.
   b) zu haben gemacht.
   c) gemacht zu haben.
   d) machen.

52. Wissen Sie, wie dieses Wort ...

   a) geschrieben werden?
   b) geschrieben wird?
   c) schreiben wird?
   d) geschrieben worden?

53. Wann hast du denn bemerkt, daß die Tasche weg war? - ...

   a) Als steige ich aus dem Bus aus.
   b) Als ich aus dem Bus ausgestiegen bin.
   c) Als ich stieg aus dem Bus aus.
   d) Als ich aus dem Bus ausgestiegen.

54. Die Einwohnerzahl der Bundesrepublik wird im Jahr 2000 auf unter 50 Millionen ...

   a) zurückgegangen sein.
   b) zurückgehen werden.
   c) zurückgeht.
   d) zurückgegangen.

55. Du arbeitest zuviel! Ich ..... dir dringend, Urlaub zu machen!

   a) rate
   b) erzähle
   c) meine
   d) rufe

56. Hier ist ein Gruppen-Foto. Können Sie ..... , wie viele Leute zu sehen sind?

   a) bestellen
   b) herstellen
   c) anstellen
   d) feststellen

57. Zwischen den Berufschancen von Jungen und Mädchen gibt es immer noch ...

   a) Veränderungen.
   b) Vorstellungen.
   c) Abänderungen.
   d) Unterschiede.

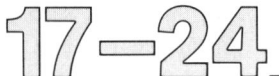

Abschlußtest

58. Auf der Post: "Guten Morgen, ich möchte ein Paket nach Frankreich ...
    a) weggeben."
    b) aufgeben."
    c) abgeben."
    d) vergeben."

59. Entschuldigung, ich habe Sie nicht richtig verstanden. Können Sie das bitte noch einmal ...
    a) widersprechen?
    b) widersagen?
    c) wiederholen?
    d) wieder holen?

60. Die Adresse muß ich mir unbedingt merken! Ich werde sie mir gleich ...
    a) unterschreiben.
    b) vorschreiben.
    c) verschreiben.
    d) aufschreiben.

61. Ein Krimi: "Das ist ein schwieriger Fall!", sagte der Inspektor. "Den müssen wir gründlich ..... ."
    a) absuchen
    b) untersuchen
    c) versuchen
    d) besuchen

62. Nach diesem Skandal ..... die Mehrheit der Wähler den Politikern kein Vertrauen mehr.
    a) bringt
    b) schenkt
    c) sieht
    d) hat

63. Hier sind die neuesten ..... der Meinungsumfrage.
    a) Erfolge
    b) Erwartungen
    c) Ergebnisse
    d) Erfahrungen

64. Der Tourismus hat Städte wie Heidelberg sehr ...
    a) verloren.
    b) verstört.
    c) verlassen.
    d) verändert.

65. Die Tourismus-Analyse macht deutlich, daß sich in der Bundesrepublik immer mehr Leute eine Urlaubsreise ..... können.
    a) unternehmen
    b) machen
    c) leisten
    d) ausgeben

Abschlußtest

66. An der Hotelrezeption: "Guten Tag. Ich habe bei Ihnen ein Zimmer ..... ."

    a) vorbestellt
    b) vorgestellt
    c) verstellt
    d) vorangestellt

67. "Hör mal, wir haben nur noch 10 Mark auf dem Konto! Wir müssen jetzt aber endlich zu sparen ...

    a) anbringen!"
    b) anfangen!"
    c) anmachen!"
    d) anhalten!"

68. "Entschuldigen Sie bitte, das ist ein .....! Ich habe Sie mit jemand anderem verwechselt."

    a) Mißtrauen
    b) Vorteil
    c) Ergebnis
    d) Mißverständnis

69. "Ich möchte heute zum Frühstück Brötchen haben. Kannst du nicht schnell zum Bäcker laufen und welche .....?"

    a) suchen
    b) finden
    c) ausnehmen
    d) holen

70. Klaus hat schon wieder ein Auto kaputtgefahren! Das ist wirklich eine ..... Geschichte!

    a) ängstliche
    b) neue
    c) alte
    d) schlimme

71. "Wenn du die Prüfung ..... hast, machen wir ein großes Fest!"

    a) verstanden
    b) entstanden
    c) gestanden
    d) bestanden

72. Eulenspiegel hat die Menschen "zum Narren gehalten". Das bedeutet:

    a) Er war selbst ein sehr dummer Mensch.
    b) Er hat den Leuten gezeigt, daß sie selbst oft dumm sind.
    c) Er hat sich nur unter dummen Menschen wohlgefühlt.
    d) Er hat immer die Menschen, die dumm waren, festgehalten.

73. Man sagt: "Der hat Schwein gehabt!". Das bedeutet:

    a) Er ist schmutzig.
    b) Er hat Schweinefleisch gegessen.
    c) Er ißt wie ein Schwein.
    d) Er hat Glück gehabt.

Abschlußtest

74. Einen Menschen, der gern und viel liest, nennt man ...

   a) eine Bücherratte.
   b) einen Bücherwurm.
   c) eine Büchermaus.
   d) eine Büchereule.

MÜNDLICHE PRÜFUNG

TEST 1: KOMMUNIKATION IN ALLTAGSSITUATIONEN

Bevor die Prüfung beginnt, stellt Ihnen der Prüfer/die Prüferin einige Fragen zum „Anwärmen":

- Erzählen Sie etwas über sich selbst.
- Aus welchem Land kommen Sie?
- Wie lange haben Sie Deutsch gelernt?
- Ist das Ihre erste Fremdsprache? Welche anderen Sprachen sprechen Sie noch?
- Warum brauchen Sie die Zertifikatsprüfung? Wofür können Sie das Zertifikat gebrauchen?

Jetzt beginnt der Test. Der Prüfer/Die Prüferin sagt:

Wir spielen jetzt einige Situationen. Sagen Sie uns bitte, was Sie in dieser Situation <u>direkt</u> sagen, fragen oder antworten würden.

<u>Beispiel</u>: Sie wollen noch mehr Deutsch lernen, haben aber nur am Anfang der Woche Zeit. Fragen Sie in einer Volkshochschule/Sprachenschule nach einem passenden Kurs.

(<u>Mögliche Antwort</u>: Haben Sie einen Kurs am Montag oder Dienstag? Die anderen Tage kann ich nicht.)

1. Sie sind in einer fremden Stadt und suchen den Bahnhof. Sie fragen einen Passanten auf der Straße. Sie wollen auch wissen, wie Sie am besten zum Bahnhof kommen (Straßenbahn, Taxi, zu Fuß, ...).

   (Ihre Antwort:.....)

2. Sie wollen mit dem Zug von Frankfurt nach Hamburg fahren. Sie rufen in Frankfurt am Bahnhof an und fragen nach der günstigsten Zugverbindung am Vormittag. Sie fragen auch nach dem Preis und nach der Dauer der Fahrt.

   (Ihre Antwort:.....)

3. Ein Bekannter möchte Sie ins Kino einladen. Sie sind aber schon verabredet. Lehnen Sie höflich ab und erklären Sie, warum es nicht geht.

   (Ihre Antwort:.....)

4. Bei einer Urlaubsreise haben Sie in München Ihre Brieftasche verloren. Sie sind auf der Polizeiwache und wollen eine Verlustanzeige aufgeben.
   Sie erklären, welche Papiere, Ausweise usw. und wieviel Geld in der Brieftasche waren und wo man Sie zu Hause erreichen kann (Adresse, Telefon).

   (Ihre Antwort:.....)

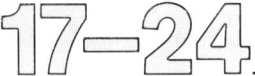

Abschlußtest

TEST 2: GELENKTES GESPRÄCH

Der Prüfer / Die Prüferin sagt:

Wir möchten jetzt mit Ihnen über ein bestimmtes Thema sprechen, und zwar über das Thema "Fernsehen und Fremdsprachenlernen".

1. Man kann immer wieder lesen, daß die Deutschen sehr viel Zeit vor dem Fernseher verbringen - mehr als zwei Stunden pro Tag im Durchschnitt. Wie ist das in Ihrem Land/hier?

   (Ihre Antwort:.....)

2. Es gibt doch sicher Fernsehprogramme, die Sie ganz besonders gerne mögen. Erzählen Sie ein bißchen davon!

   (Ihre Antwort:.....)

3. Es gibt sicher auch einiges in der Programmgestaltung des Fernsehens in Ihrem Land/hier, was Ihnen nicht gefällt.
   Was würden Sie am Fernsehprogramm ändern, wenn Sie die Möglichkeit hätten?

   (Ihre Antwort:.....)

4. Also, ich war im letzten Jahr ein paar Monate in England. Ich habe damals sehr viel ferngesehen und dabei eine Menge Englisch dazugelernt! Was meinen Sie: Ist es gut, wenn man viel fernsieht, um eine fremde Sprache zu lernen? Was lernt man dabei besonders gut?

   (Ihre Antwort:.....)

5. Vom Fernsehen allein kann man natürlich die Fremdsprache nicht richtig lernen. Ich habe damals z. B. jeden Tag Zeitung gelesen und im Radio die Nachrichten gehört. Außerdem habe ich mich möglichst viel mit den Leuten unterhalten: Z. B. bin ich abends oft noch zu einem Vortrag gegangen und habe anschließend diskutiert. Was haben Sie denn alles gemacht, um möglichst viel Deutsch zu lernen?

   (Ihre Antwort:.....)

6. Was ist Ihrer Meinung nach am wichtigsten, wenn man eine Fremdsprache möglichst schnell und intensiv lernen möchte?

   (Ihre Antwort:.....)

Grammatik- und Wortschatzdarstellung in „Deutsch aktiv Neu"

Inhalt

1. Die Satzarten 100
1.1 Die Aussage
1.2 Die Frage
1.3 Die Aufforderung: Imperativ

2. Die Klammer 101
2.1 Die Verbklammer
2.2 Die Artikel-Nomen-Klammer
2.3 Die Nebensatz-Klammer
(vgl. auch 8.5.7-8)

3. Stellung der Satzglieder 102
3.1 Satzglieder im Vorfeld - Mittelfeld (- Nachfeld)
3.2 Satzglieder im Vorfeld
3.3 Satzglieder im Mittelfeld
3.4 Zusätzliche Angaben im Vorfeld und im Mittelfeld

4. Hauptsätze und Nebensätze 104
4.1 Koordination von Sätzen
4.2 Einfache Subordination
4.3 Mehrfache Subordination
4.4 Stellung von Hauptsatz und Nebensatz
4.5 Nebensatz-Arten
　　4.5.1　Der "daß"-Satz
　　4.5.2　Der Temporalsatz
　　4.5.3　Der Relativsatz
　　4.5.4　Der Konditionalsatz: Realis
　　4.5.5　Der Kausalsatz
　　4.5.6　Der Finalsatz
　　4.5.7　Der Konzessivsatz
　　4.5.8　Der Adversativsatz
　　4.5.9　Nebensätze mit "ohne daß / ohne ... zu"
　　4.5.10 Nebensätze mit "anstatt daß / anstatt ..... zu"
4.6 Nebensätze ohne Konjunktion
4.7 Direkte Frage und indirekte Frage

5. Das Verb und die Ergänzungen (Satzglieder) 110
5.1 Nominativergänzung und Akkusativergänzung
5.2 Qualitativergänzung
5.3 Direktivergänzung
5.4 Einordnungsergänzung
5.5 Temporale Situativergänzung
5.6 Lokale Situativergänzung
5.7 Dativergänzung
5.8 Präpositionalergänzung
5.9 Verbativergänzung
5.10 Genitivergänzung

6. Präpositionalergänzungen nach Substantiv, Adjektiv, Verb 111
6.1 nach Substantiv
6.2 nach Adjektiv
6.3 nach Verb

7. Sätze als Ergänzungen 111
7.1 Sätze als Akkusativergänzung
7.2 Sätze als Nominativergänzung
7.3 Sätze als Präpositionalergänzung

8. Das Verb 112
8.1 Indikativ Aktiv
　　8.1.1　Präsens
　　8.1.2　Perfekt
　　8.1.3　Präteritum
　　8.1.4　Plusquamperfekt
　　8.1.5　Futur I und Futur II
8.2 Imperativ
8.3 Konjunktiv
　　8.3.1　Der Konjunktiv mit "würd-"
　　8.3.2　Konjunktiv II der Modalverben
　　8.3.3　Der Konjunktiv II (gebildet vom Präteritum)
　　8.3.4　Der Konjunktiv II (gebildet vom Plusquamperfekt)
　　8.3.5　Konjunktiv I (Präsens)
　　8.3.6　Konjunktiv I (Perfekt)
8.4 Indikativ und Konjunktiv in der indirekten Rede
8.5 Das Passiv
　　8.5.1　Präsens
　　8.5.2　Weitere Tempora (Präteritum, Perfekt, Plusquamperfekt) am Beispiel der 3. Pers. Singular
　　8.5.3　Passiv - Aktiv: Bedeutung
　　8.5.4　Passiv: Bedeutung und Gebrauch
　　8.5.5　Passiv mit "Agens"-Nennung
　　8.5.6　Aktiv mit Indefinitpronomen
　　8.5.7　Passiv bei Modalverben: Klammer
　　8.5.8　Passiv im Nebensatz: Klammer
　　8.5.9　Vorgangspassiv und Zustandspassiv

8.6 Partizip II und Partizip I
    8.6.1 Partizip II: Formen
    8.6.2 Partizip I: Formen
    8.6.3 Partizip II und Partizip I: Gebrauch
    8.6.4 Modalverben: Partizip II
8.7 Reflexive Verben (mit Reflexivpronomen)
8.8 Reziproke Verben
8.9 Stammformen der unregelmäßigen Verben (→Lehrbuch, nach 16B)
8.10 Konstruktionen mit "sein zu ..."
8.11 Konstruktionen mit "haben zu ..."
8.12 Funktionsverb-Gefüge
8.13 Trennbare Verben - nicht trennbare Verben

9. Das Substantiv 125
9.1 Das Genus
9.2 Der unbestimmte Artikel - der bestimmte Artikel
9.3 "ein-" - "kein-"
9.4 Singular - Plural
9.5 Deklination
    9.5.1 Artikel und Substantiv
    9.5.2 Demonstrativpronomen und Substantiv
    9.5.3 Fragepronomen und Substantiv
    9.5.4 Possessivpronomen und Substantiv

10. Das Adjektiv 128
10.1 Prädikativer Gebrauch - attributiver Gebrauch
10.2 Deklination
10.3 Die Graduierung des Adjektivs

11. Attribute 131
11.1 Attribute zum Substantiv
11.2 Mehrfach subordinierte Attribute

12. Präpositionen 131
12.1 Präpositionen mit dem Akkusativ
12.2 Präpositionen mit dem Dativ
12.3 Wechselpräpositionen

13. Personalpronomen und Possessivpronomen 133
13.1 Das Personalpronomen
13.2 Das Possessivpronomen

14. Wortbildung 134
14.1 Substantive
14.2 Adjektive
14.3 Mehrfache Derivation

15. Wortfamilien 136
15.1 Die Wortfamilie -ARBEIT-
15.2 Die Wortfamilie -GROSS-/-GRÖSS-
15.3 Die Wortfamilie -GEH-/-GANG-/-GÄNG-
15.4 Die Wortfamilie -LEB-

16. Verwandtschaftsbezeichnungen ... 137

17. Berufsbezeichnungen 137

18. Sachgebiet/Wortfeld: Unterrichts- und Studienfächer 138

19 Zeitangaben 138

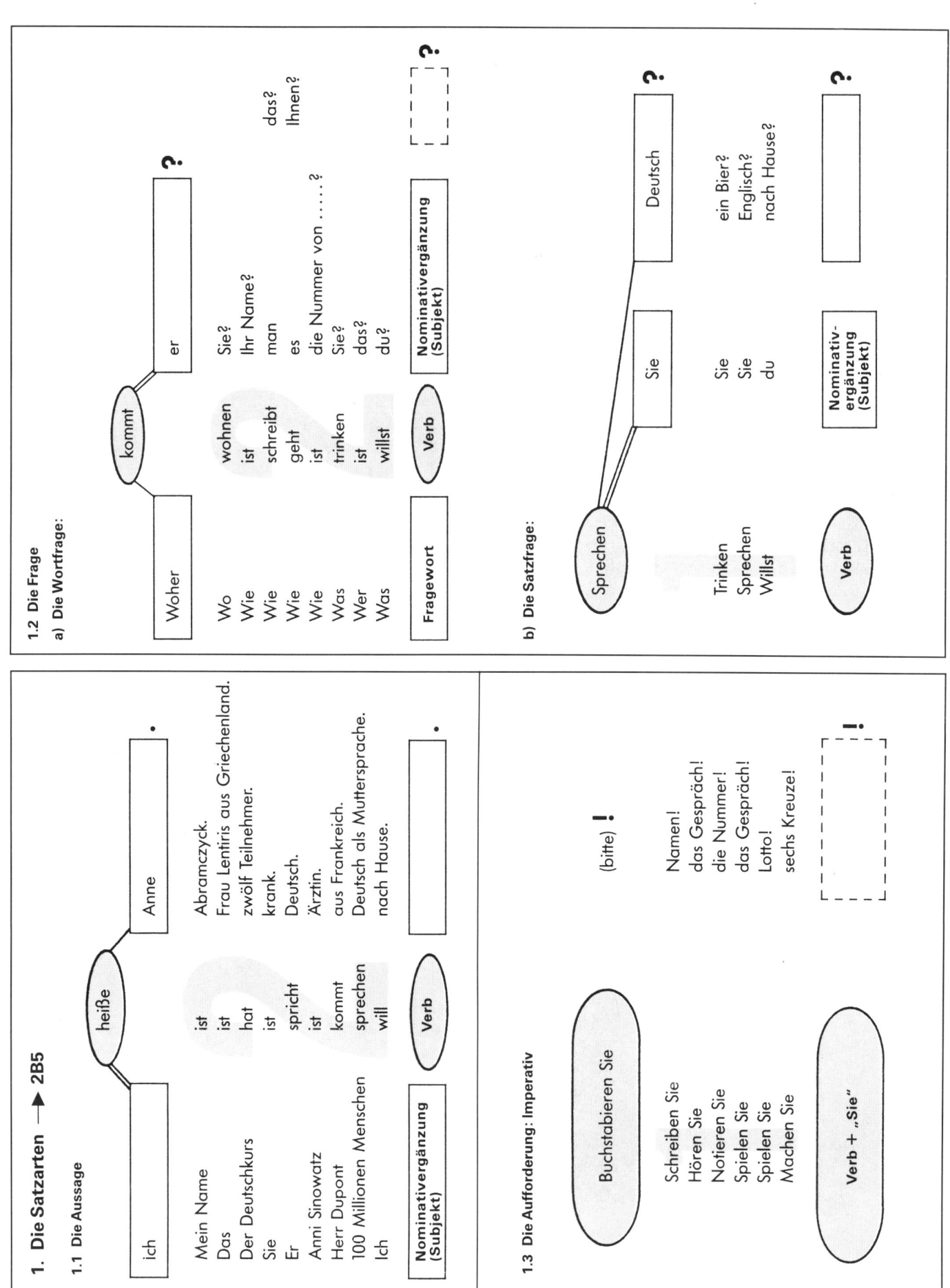

2. Die Klammer

2.1 Die Verbklammer

① Modalverb + Vollverb → 9B2

		Modalverb			Vollverb
1. Aussage:	Sie	dürfen	hier		parken.
		dürfen	hier	nicht	parken.
2a. Wortfrage:	Warum	darf	ich	hier	parken?
2b. Satzfrage:		Darf	ich	hier	parken?

② Perfekt → 6B2–4

		Hilfsverb			Vollverb
1. Aussage:	Er	ist	um 8 Uhr		aufgestanden.
		ist			aufgestanden.
2a. Wortfrage:	Wann	ist	er		aufgestanden?
2b. Satzfrage:	Wer	ist		um 8 Uhr	aufgestanden?
		Ist	er	um 8 Uhr	aufgestanden?

③ Plusquamperfekt → 10B3

		Hilfsverb			Vollverb
1. Aussage:		hatte	Antek	das	gelernt.
		hatte		das	gelernt.
2a. Wortfrage:	Das	hatte	Antek	von seinem Vater	gelernt?
2b. Satzfrage:	Von wem	hatte	Antek		gelernt?
		Hatte	Antek	das	gelernt?

④ Futur I → 15B1, 15B3

		Hilfsverb			Vollverb
1. Aussage:	Sie	werden	sie	morgen	besuchen.
		werden	sie	morgen	besuchen.
2a. Wortfrage:	Wer	wird	uns	morgen	besuchen?
2b. Satzfrage:	Wann	werden	sie		besuchen?
		Werden	sie	uns	besuchen?

⑤ Futur II → 15B1, 15B3

		Hilfsverb			Vollverb
1. Aussage:		wird	sie	das	gewußt haben.
		wird	sie		gewußt haben.
2a. Wortfrage:	Das	wird			gewußt haben?
	Was	wird	sie		gewußt haben?
	Wer	wird		das	gewußt haben?
					gewachsen sein?
2b. Satzfrage:	Wird	die Einwohnerzahl			**haben / sein**

⑥ Passiv → 13B5–6

		Hilfs-/Modalverb			Vollverb
1. Aussage:	Die Kartoffeln	werden	die Kartoffeln	in Salzwasser	gekocht werden.
	Die Kartoffeln	sind		in Salzwasser	gekocht worden.
	Die Kartoffeln	müssen		in Salzwasser	gekocht werden.
2a. Wortfrage:	Wie lange	werden	die Kartoffeln	in Salzwasser	gekocht?
	Wie lange	sind	die Kartoffeln	in Salzwasser	gekocht worden?
	Wie lange	müssen	die Kartoffeln	in Salzwasser	gekocht werden?
2b. Satzfrage:	Werden	die Kartoffeln		in Salzwasser	gekocht?
	Sind	die Kartoffeln		in Salzwasser	gekocht worden?
	Müssen	die Kartoffeln		in Salzwasser	gekocht werden?
					worden / werden

2.2 Die Artikel-Nomen-Klammer → 11B3

Artikelwort		Substantiv
der	blaue	Mantel
ein	blauer	Mantel
mein	blauer	Mantel
welcher	blaue	Mantel?
dieser	blauen	Mantel
die	blaue	Mäntel

2.3 Die Nebensatz-Klammer → 9B4, 10B4–6, 12B1–4

Konjunktion			Verb
........, daß	Neumanns	in Urlaub	sind.
........, daß	Neumanns		sind.
........, während	sie		gingen.
........, nachdem	sie	einander	begegnet waren.
........, damit	ich	besser	höre.
........, damit	ich	besser	hören kann.
........, obwohl	die Äpfel	noch nicht reif	gewesen sind.
........, obwohl	die Äpfel	noch nicht reif	waren.
........, weil	er	Angst	hat.
........, weil	er	die Vorfahrt nicht	beachtet hat.
........, wenn	es	keine Teiche mehr	gibt.
........, wenn	die Teiche	weiter	verschmutzt werden.

3.2 Satzglieder im Vorfeld → 19B2

VORFELD	1. Klammerteil	MITTELFELD		2. Klammerteil
Antek	hatte		das Besenbinden	von seinem Vater	gelernt.
Das Besenbinden	hatte	Antek		von seinem Vater	gelernt.
Von seinem Vater	hatte	Antek	das Besenbinden		gelernt.

Nominativergänzung — Akkusativergänzung — Präpositionalergänzung

3. Stellung der Satzglieder

3.1 Satzglieder im Vorfeld – Mittelfeld (– Nachfeld) → 19B1

	VORFELD	1. Klammerteil	MITTELFELD	2. Klammerteil
① Modal- + Vollverb:	Hier	dürfen	Sie nicht	parken.
② Passiv:	Wie lange	werden	die Kartoffeln	gekocht?
③ Perfekt:	Um 8 Uhr	ist	er	aufgestanden.
④ Plusquamperfekt:	Von wem	hatte	Antek das Besenbinden	gelernt?
⑤ Futur:	Morgen	werden	sie uns	besuchen.
⑥ Nebensatz:	Er meint,	daß	Neumanns in Urlaub	sind.

3.3 Satzglieder im Mittelfeld (mit Tendenz nach links/rechts) → 19B3

3.3.1

		MITTELFELD		
Den Unterricht	haben		die Lehrer	vom Blatt	abgelesen.
Die Lehrer	haben	den Unterricht		vom Blatt	abgelesen.
Oft	haben	die Lehrer	den Unterricht	vom Blatt	abgelesen.

die Lehrer — **Nominativergänzung** (links)
den Unterricht — **Akkusativergänzung** (links)
vom Blatt — **Präpositionalergänzung** (rechts)

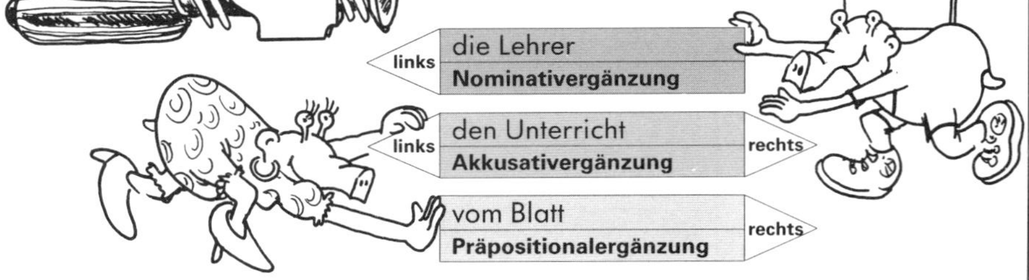

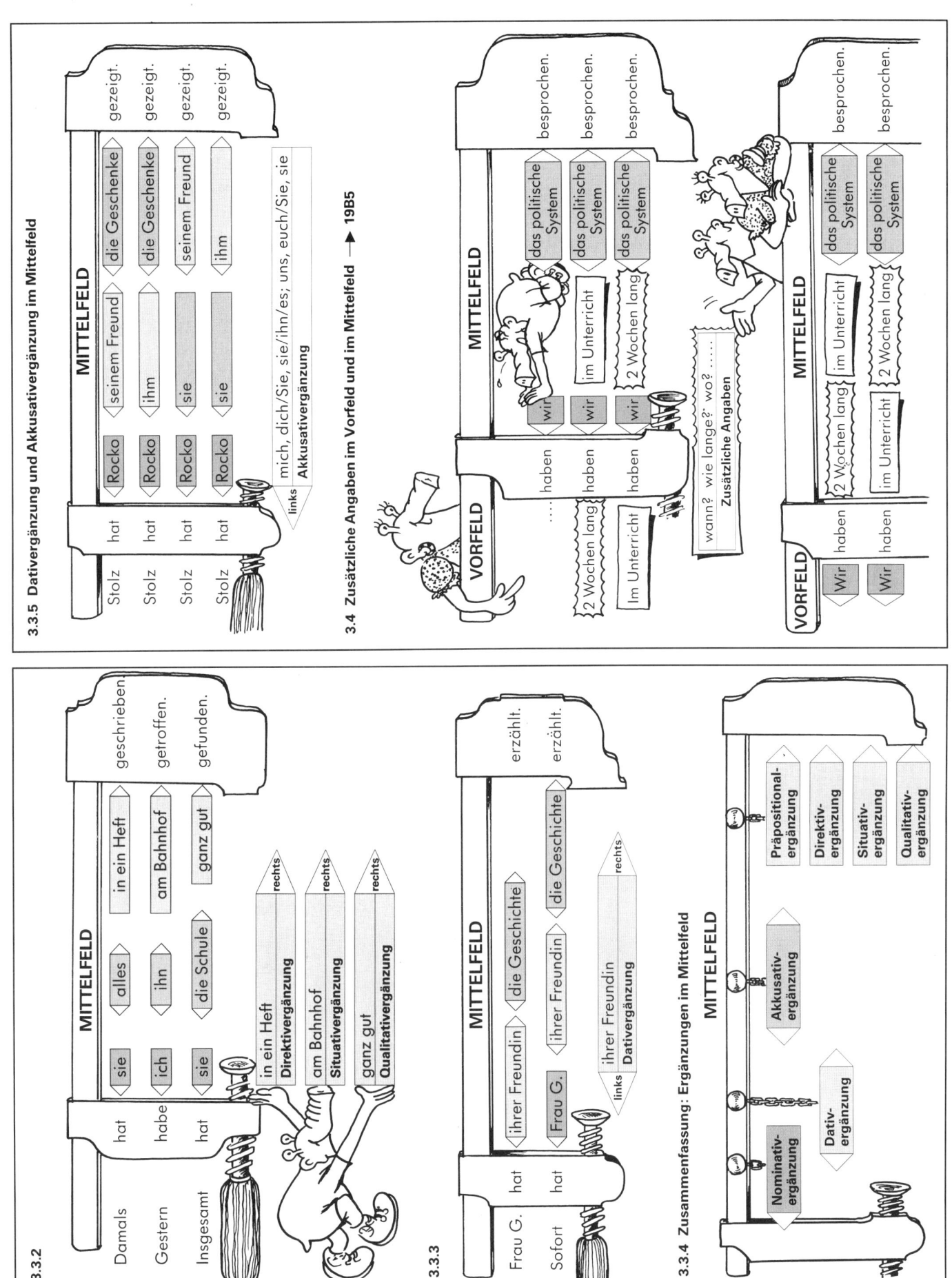

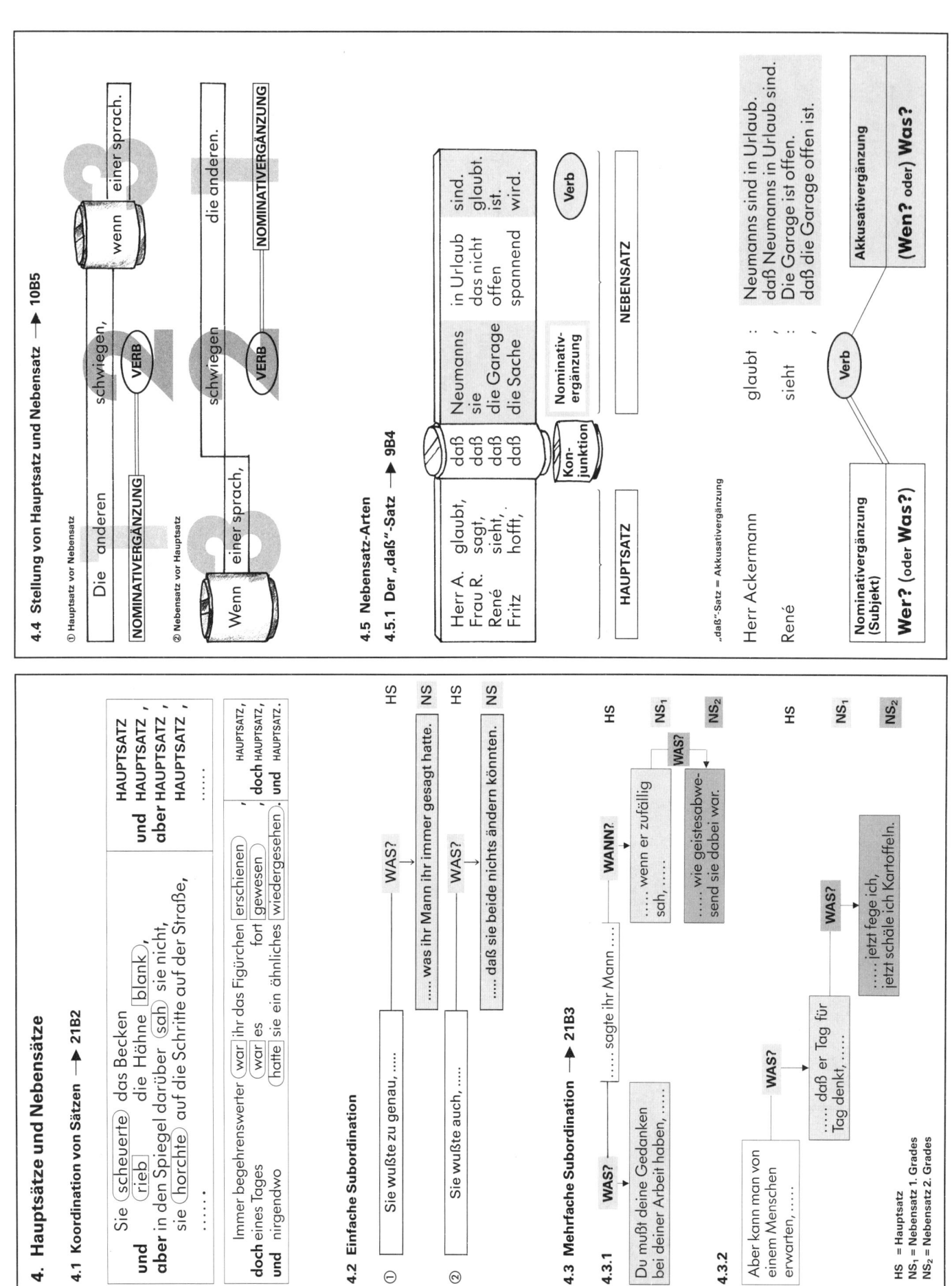

4.5.4 Der Konditionalsatz: Realis → 12B1

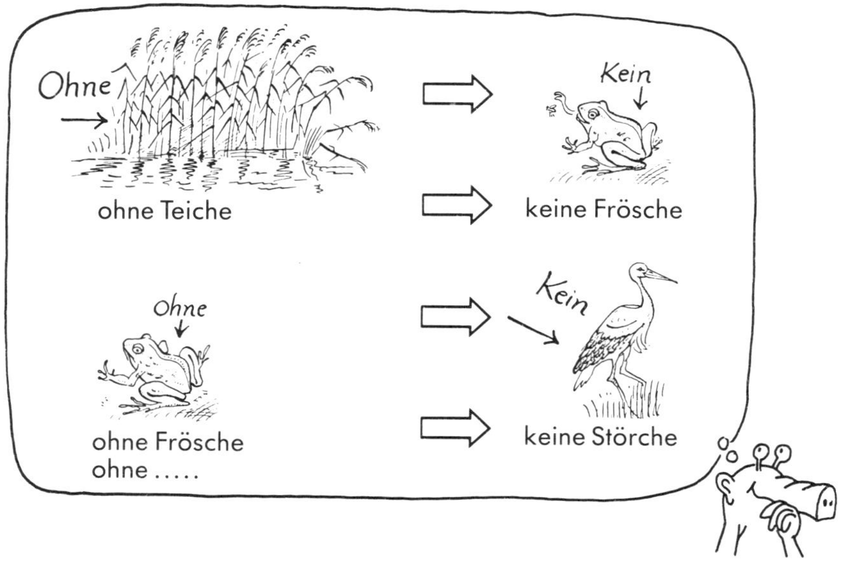

Ohne → keine Teiche → keine Frösche → keine Störche → keine Babys
ohne Teiche
ohne Frösche
ohne ……

Kein → keine Frösche
Kein → keine Störche

sterben die Frösche.
verhungern die Störche.
gibt es keine Babys.

keine Teiche → keine Frösche → keine Störche → keine Babys ……

Wenn es keine Teiche mehr gibt,
es keine Frösche mehr gibt,
es keine Störche mehr gibt,

KONDITION/ANNAHME VORAUSSETZUNG

(dann)

KONSEQUENZ/ FOLGE

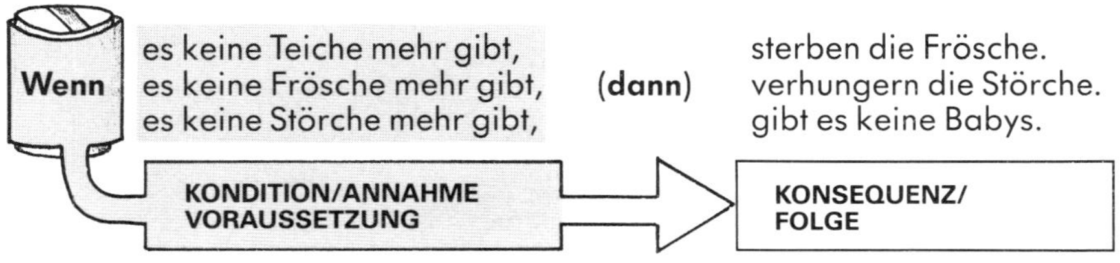

KONDITIONALSATZ → HAUPTSATZ

Andere Möglichkeiten:

Angenommen,
Nehmen wir an, } es gibt keine Teiche mehr: **Dann** sterben die Frösche.
Vorausgesetzt,

4.5.2 Der Temporalsatz → 10B4, 10B6

① Arten von Temporalsätzen

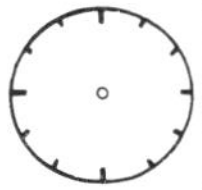

Während sie gingen, sprachen sie miteinander.
Wenn einer sprach, schwiegen die beiden anderen.
Wenn der eine zu Ende gesprochen hatte, sprach der zweite.
Sie gingen, gingen, gingen, **nachdem** sie einander zufällig begegnet waren.
Als das Mädchen eine Weile gegangen war, kam wieder ein Kind.
Als wir sechs waren, hatten wir Masern.

② Gleichzeitigkeit

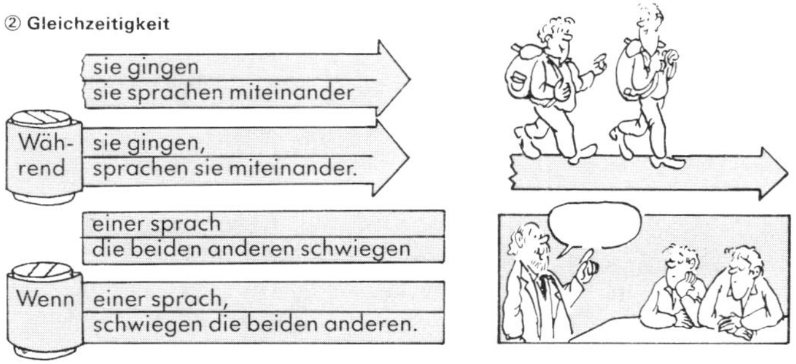

sie gingen
sie sprachen miteinander

sie gingen,
sprachen sie miteinander.

einer sprach
die beiden anderen schwiegen

Während

Wenn einer sprach,
schwiegen die beiden anderen.

③ Vorzeitigkeit

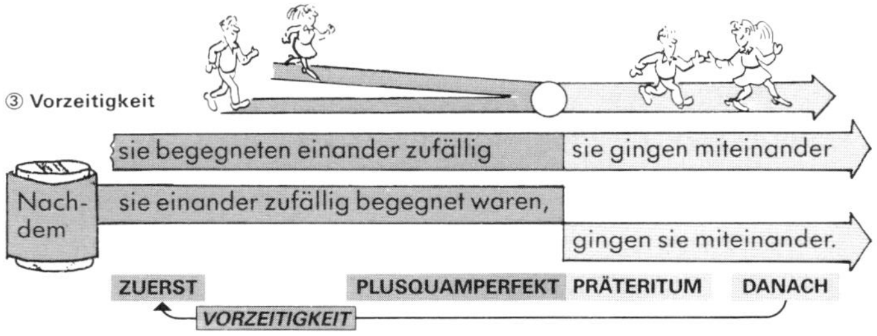

sie begegneten einander zufällig
sie gingen miteinander

sie einander zufällig begegnet waren,
gingen sie miteinander.

ZUERST — VORZEITIGKEIT
PLUSQUAMPERFEKT PRÄTERITUM DANACH

Nach-
dem

4.5.3 Der Relativsatz → 10B6

Ein Besenbinder ist ein Mann, **der** Besen macht.

Antek Pistole machte Besen, **die** nie kaputtgingen.
Das Mädchen hatte ein Stück Brot, **das** ihm jemand geschenkt hatte.
Sie sahen (das), **was** sich gezeigt hatte.
Sie sprachen über anderes, **was** sich früher gezeigt hatte.
„Schenk mir etwas, **womit** ich meinen Kopf bedecken kann!"

4.5.6 Der Finalsatz → 12B3

ZIEL
- große Ohren .... besser hören können
- große Augen .... besser sehen können
- großes Maul .... besser fressen können

„Warum hast du so große Ohren / so große Augen / ein so großes Maul?"

Ich habe so große Ohren,
Ich habe so große Augen,
Ich habe ein so großes Maul,

damit

ich dich besser hören kann.
ich dich besser sehen kann.
ich dich besser fressen kann.

SACHVERHALT — URSACHE — ZIEL/ZWECK

HAUPTSATZ — FINALSATZ

Andere Möglichkeit: „um ..... zu" + INFINITIV (nur bei gleichem Subjekt!)

Der Wolf hat so große Ohren, **um** besser hören **zu** können.

Der Wolf hat so große Ohren; er will besser hören können.
— GLEICHES SUBJEKT

Der Säufer trinkt, **um zu** vergessen.

Der Säufer trinkt; er will vergessen.
— GLEICHES SUBJEKT

4.5.5 Der Kausalsatz → 12B2

Rocko fährt falsch. → Rocko verursacht einen Unfall. → Der Fahrer ruft die Polizei. → Die Polizei kommt.

Die Polizei verfolgt Rocko. → Rocko läuft weg. → Rocko bekommt Angst.

Weil Rocko falsch fährt, ein Unfall passiert ist, die Polizei kommt, Rocko Angst hat,

verursacht er einen Unfall.
ruft der Fahrer die Polizei.
bekommt Rocko Angst.
läuft er weg.

URSACHE/GRUND — KONSEQUENZ

KAUSALSATZ — HAUPTSATZ

Andere Möglichkeiten:

1. Rocko hat Angst. **Deshalb** / **Daher** / **Aus diesem Grund** läuft er weg.

2. a) Rocko läuft weg. **Denn** er hat Angst.
   b) Rocko läuft weg. Er hat **nämlich** Angst.

106

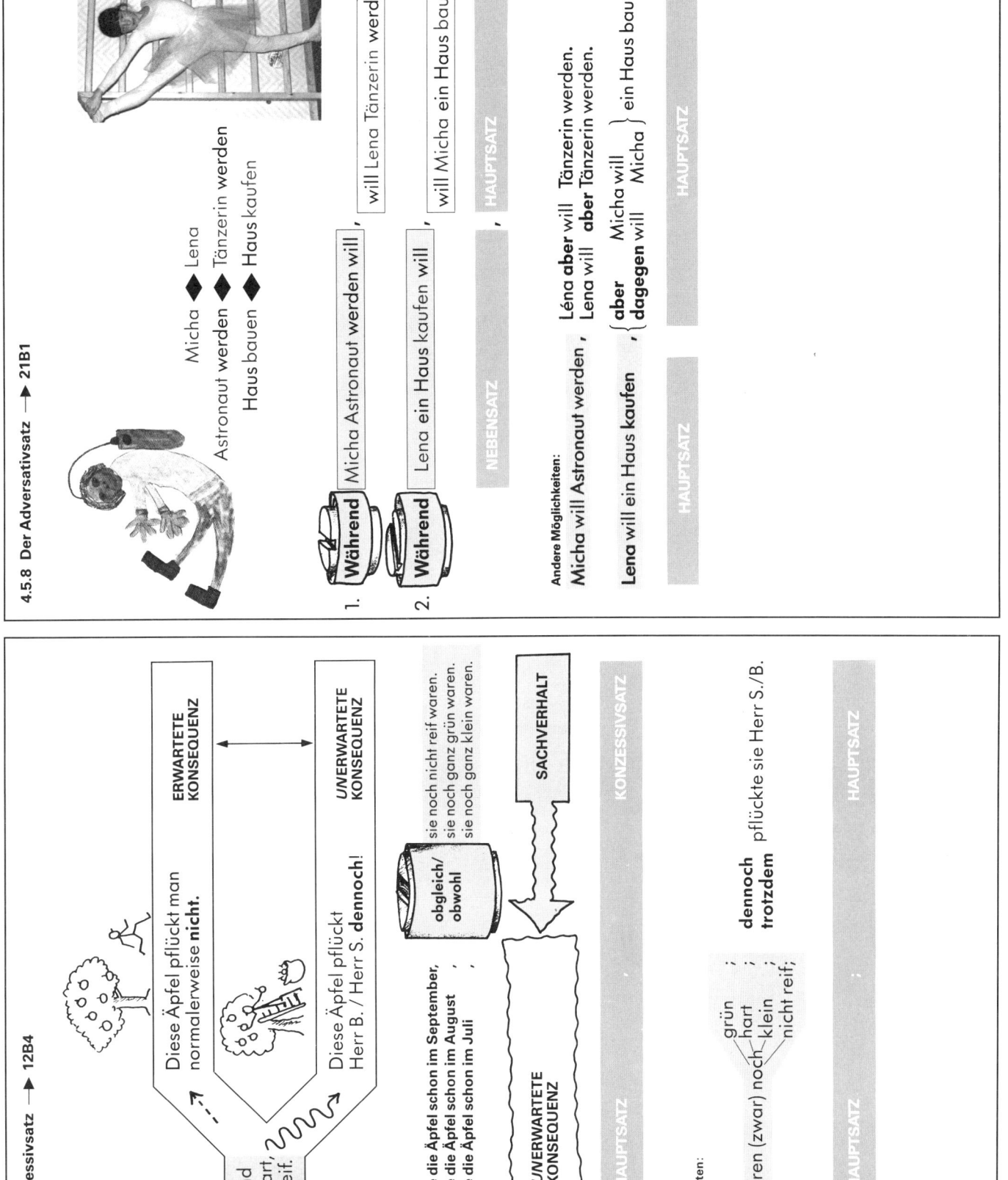

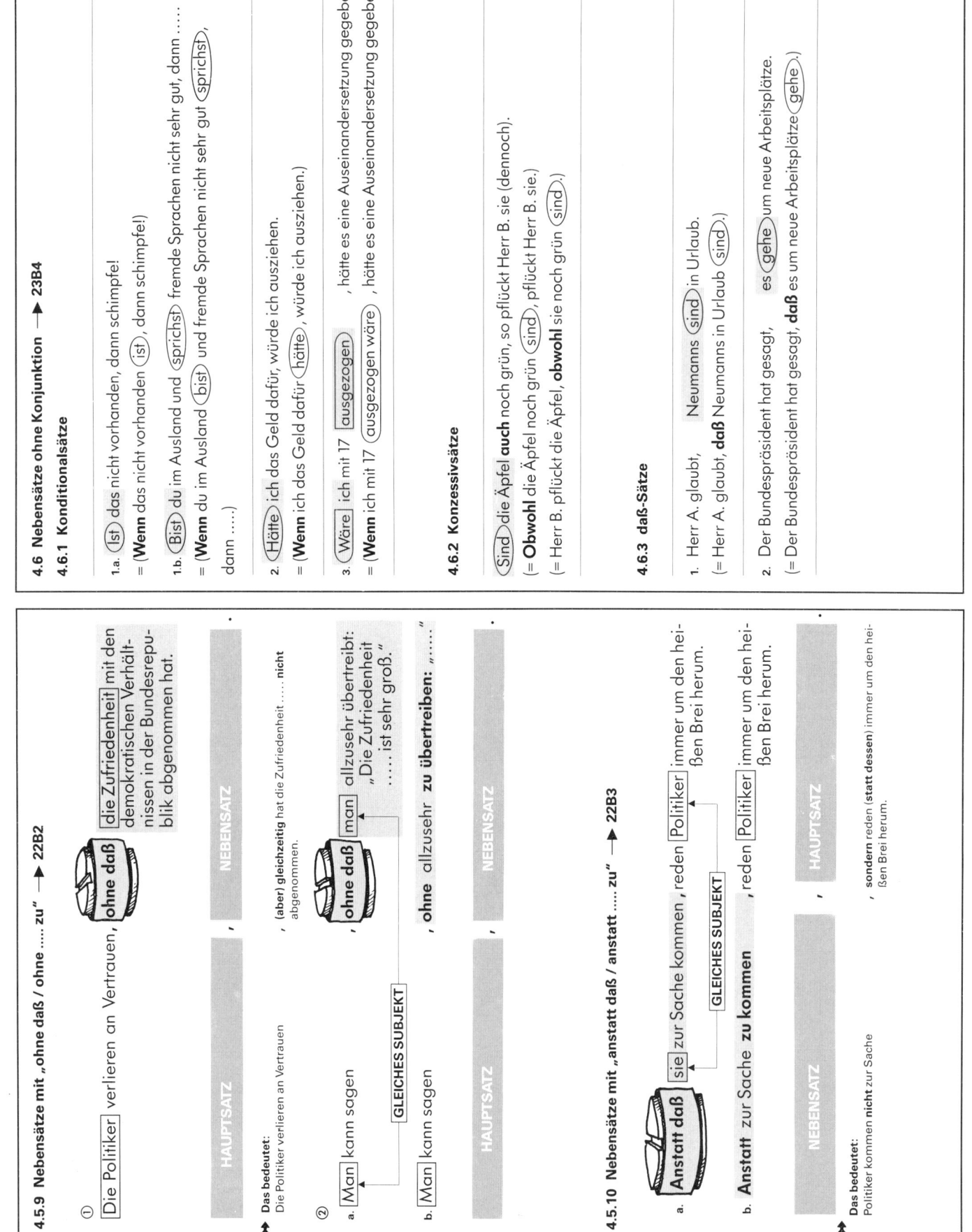

4.5.9 Nebensätze mit „ohne daß / ohne ..... zu" → 22B2

① Die Politiker verlieren an Vertrauen, **ohne daß** die Zufriedenheit mit den demokratischen Verhältnissen in der Bundesrepublik abgenommen hat.

HAUPTSATZ , NEBENSATZ .

Das bedeutet:
Die Politiker verlieren an Vertrauen, **(aber) gleichzeitig** hat die Zufriedenheit ..... **nicht** abgenommen.

② a. Man kann sagen , **ohne daß** man allzusehr übertreibt: „Die Zufriedenheit ..... ist sehr groß."

b. Man kann sagen , **ohne** allzusehr **zu übertreiben**: „ ..... "

GLEICHES SUBJEKT

HAUPTSATZ , NEBENSATZ .

4.5.10 Nebensätze mit „anstatt daß / anstatt ..... zu" → 22B3

a. **Anstatt daß** sie zur Sache kommen , reden Politiker immer um den heißen Brei herum.

GLEICHES SUBJEKT

b. **Anstatt** zur Sache **zu kommen** , reden Politiker immer um den heißen Brei herum.

NEBENSATZ , HAUPTSATZ .

Das bedeutet:
Politiker kommen **nicht** zur Sache , **sondern** reden (**statt dessen**) immer um den heißen Brei herum.

4.6 Nebensätze ohne Konjunktion → 23B4

4.6.1 Konditionalsätze

1.a. Ist das nicht vorhanden, dann schimpfe!
= (**Wenn** das nicht vorhanden ist), dann schimpfe!)

1.b. Bist du im Ausland und sprichst fremde Sprachen nicht sehr gut, dann .....
= (**Wenn** du im Ausland bist und fremde Sprachen nicht sehr gut sprichst, dann .....)

2. Hätte ich das Geld dafür, würde ich ausziehen.
= (**Wenn** ich das Geld dafür hätte, würde ich ausziehen.)

3. Wäre ich mit 17 ausgezogen , hätte es eine Auseinandersetzung gegeben.
= (**Wenn** ich mit 17 ausgezogen wäre , hätte es eine Auseinandersetzung gegeben.)

4.6.2 Konzessivsätze

Sind die Äpfel **auch** noch grün, so pflückt Herr B. sie (dennoch).
(= **Obwohl** die Äpfel noch grün sind, pflückt Herr B. sie.)
= Herr B. pflückt die Äpfel, **obwohl** sie noch grün sind.

4.6.3 daß-Sätze

1. Herr A. glaubt, Neumanns sind in Urlaub.
(= Herr A. glaubt, **daß** Neumanns in Urlaub sind.)

2. Der Bundespräsident hat gesagt, es gehe um neue Arbeitsplätze.
(= Der Bundespräsident hat gesagt, **daß** es um neue Arbeitsplätze gehe.)

4.7 Direkte Frage und indirekte Frage → 18B1

4.7.1 Direkte Frage

a) im direkten Gespräch:

Der Interviewer fragt Ulla und Knut:

" Wann habt ihr eigentlich geheiratet ? "   } Wortfrage
" Wo habt ihr damals gelebt ? "

" Habt ihr gleich Kinder gewollt ? "   } Satzfrage
" Hat sich euer Leben durch die Geburt eurer Tochter verändert ? "

b) in einer anderen Gesprächssituation

Wir (die Kursteilnehmer und unsere Lehrerin) hören das Interview. Unsere Lehrerin fragt uns (die Kursteilnehmer):

" Wann haben Ulla und Knut geheiratet ? "   } Wortfrage
" Wo haben sie damals gelebt ? "

" Wollten sie gleich Kinder ? "   } Satzfrage
" Hat sich ihr Leben durch die Geburt ihrer Tochter verändert ? "

4.7.2 Indirekte Frage

a) in der Wiedergabe eines Gesprächs

Der Interviewer fragt Ulla (Ulla und Knut) ,	**wann**	sie (Ulla und Knut)	geheiratet haben .
	wo	sie damals	gelebt haben .
Die Lehrerin fragt uns (die Kursteilnehmer) ,	**ob**	Ulla und Knut gleich Kinder	wollten .
	ob	sich ihr Leben durch die Geburt ihrer Tochter	verändert hat .
HAUPTSATZ ,	**NEBENSATZ: INDIREKTE FRAGE**		

b) als Teil einer höflichen Frage/Bitte → 13B10

Wissen Sie (vielleicht) ,	**wann**	der Deutschkurs	beginnt ?
Könnten Sie mir sagen ,	**wo**	Herr Neumann	arbeitet ?
	ob	Herr Wagner heute	kommt ?
Sagen Sie mir bitte ,	**wann und wo**	Sie	geboren sind .
Teilen Sie mir bitte rechtzeitig mit ,	**ob**	Sie mit dem Zug oder dem Flugzeug	kommen .
HAUPTSATZ: direkte Frage/Aufforderung ,	**NEBENSATZ: INDIREKTE FRAGE**		

c) nach Substantiven

.... die Überlegung ,	**wer**	berufstätig	sein sollte , ...
	ob	sie Kinder	haben wollten , ...
.... die Frage ,	**wo**	Herr Neumann	arbeitet , ...
	wann	der Deutschkurs	beginnt , ...
SUBSTANTIV ,	**NEBENSATZ: INDIREKTE FRAGE**		

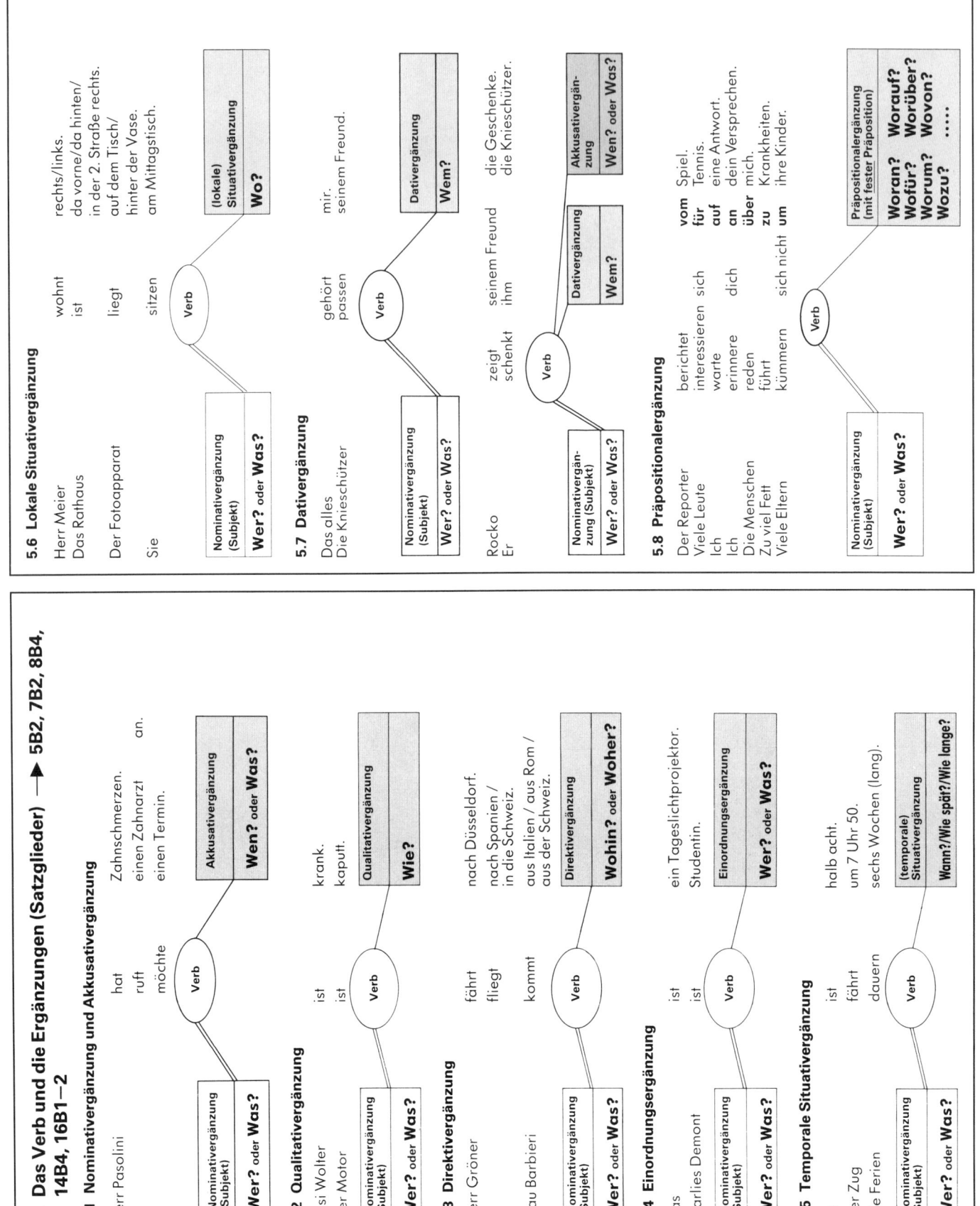

5.9 Verbativergänzung

Ein Mann	ließ	seinen Buben	zu Fuß laufen.
Der Vater	läßt	den Sohn dann	reiten.
Du	läßt	deinen Vater	zu Fuß gehen?!

```
                  Verb
                 /    \
Nominativergänzung    Verbativergänzung:
(Subjekt)             Verb im Infinitiv
Wer? oder Was?        Was geschehen?
```

5.10 Genitivergänzung

Die Kinder	bedürfen	der Zuneigung der Eltern.
Wir	gedenken	der Toten.

```
              Verb
             /    \
Nominativergänzung  Genitivergänzung
(Subjekt)           Wessen?
Wer? oder Was?
```

Diese Genitivergänzung wird bei nur wenigen Verben und fast nur in schriftlichen Texten verwendet.

6. Präpositionalergänzungen nach Substantiv, Adjektiv, Verb → 20B1

6.1 nach Substantiv

Viele Ausländer (machen) sich **Sorgen** ← PRÄPOSITIONALERGÄNZUNG **um ihre Zukunft.** [AKKUSATIVERGÄNZUNG]

6.2 nach Adjektiv

Viele Ausländer (sind) **besorgt** ← PRÄPOSITIONALERGÄNZUNG **um ihre Zukunft.** [QUALITATIVERGÄNZUNG]

6.3 nach Verb

Viele Ausländer (sorgen sich) PRÄPOSITIONALERGÄNZUNG **um ihre Zukunft.**

Weitere Beispiele

a) nach Substantiv	b) nach Adjektiv	c) nach Verb
Angst **vor** ……	—	sich ängstigen **vor/wegen** ……
Einfluß **auf** ……	—	beeinflussen (+ Akkusativerg.) ⚠
Aufruf **zu** ……	—	aufrufen **zu** ……
Solidarität **mit** ……	solidarisch **mit** ……	sich solidarisieren **mit** ……
Warnung **vor** ……	—	warnen **vor** ……
Abhängigkeit **von** ……	abhängig **von** ……	abhängen **von** ……
Sehnsucht **nach** ……	—	sich sehnen **nach** ……
Begegnung **mit** ……	—	begegnen (+ Dativergänzung) ⚠
Erfahrung **mit** ……	erfahren **in** …… ⚠	—
Probleme **mit** ……	interessiert **an** ……	sich interessieren **für** ……
Interesse **an/für** ……	*(nicht: für!)*	*(nicht: an!)*

7. Sätze als Ergänzungen → 18B2

7.1 Sätze als Akkusativergänzung

```
Nominativergänzung ── Verb
                         \
                          Akkusativergänzung
                          Wen? oder Was?
```

① Ich	denke/meine	,	das	war der Grund.	HS
Ich	glaube/vermute	,	daß	das der Grund war.	NS
② Der Interviewer	möchte wissen	,	**welchen Beruf**	sie damals hatten.	NS
			ob sich ihr Leben verändert hat.		NS
③ Knut und Ulla	beschlossen	:	Wir versorgen Alina gemeinsam.		HS
Sie	beschlossen	,	Alina gemeinsam **zu versorgen.**		NS

Hauptsatz: ① ③
Nebensatz: ① daß-Satz
② Indirekter Fragesatz
③ Infinitivsatz mit „zu"

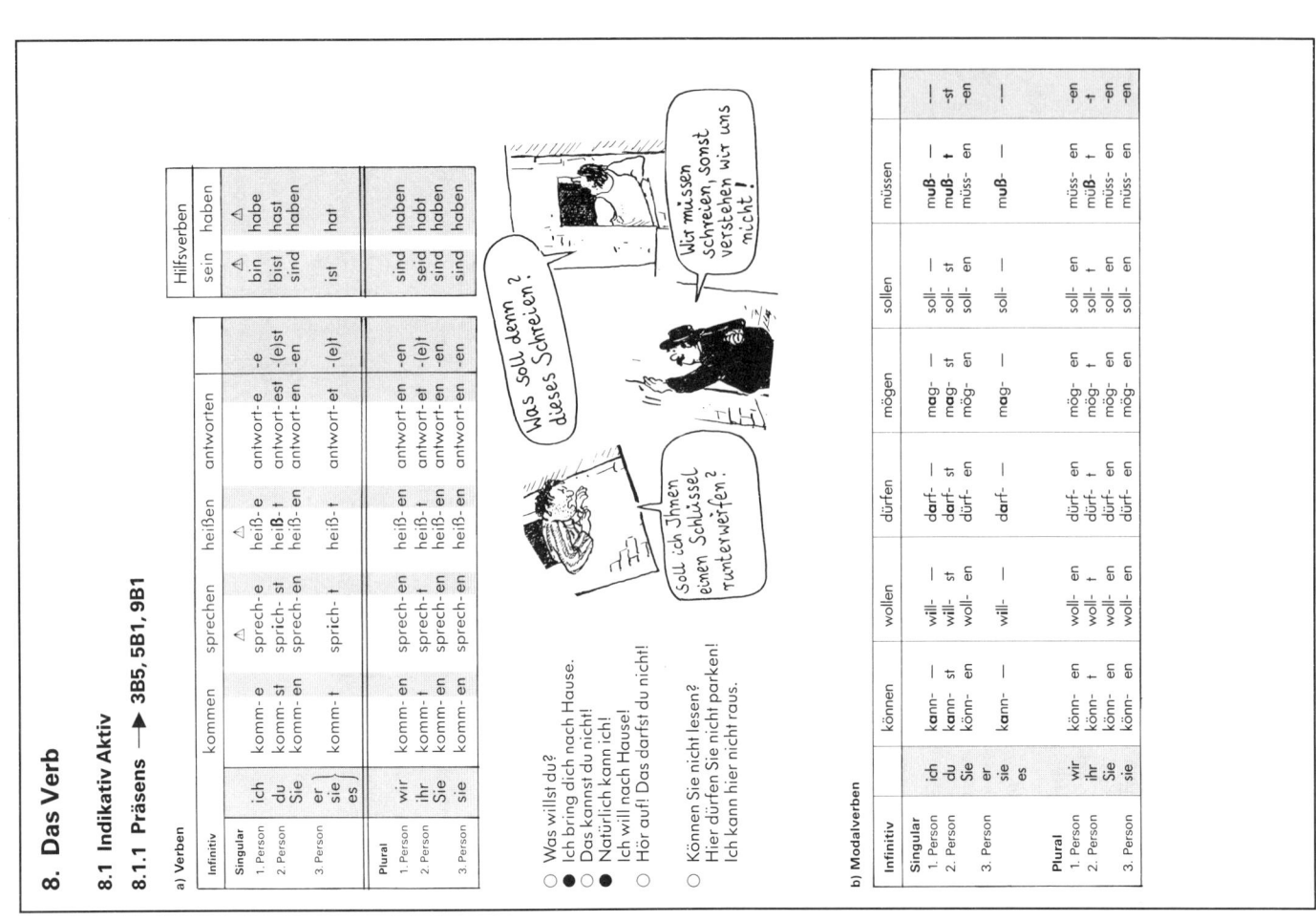

8.1.2 Perfekt → 6B1–7

a) Regelmäßige Verben: Partizip II

Was	hat		ge-	mach	-t	?
Er	hat	Herr Rasch		besuch	-t	.
Er	hat	die Sekretärin		erzähl	-t	.
Er	hat	ihr etwas		koch	-t	.
Sie	hat	Kaffee	ge-	flirt	-et	.
Er	hat	mit der Sekretärin	ge-	mach	-t	.
Sie	haben	einen Spaziergang		fotografier	-t	.
Er	hat	sie	ge-	wart	-et	.
Er	hat	auf Herrn Meinke	ge-	red	-et	.
Er	hat	mit Herrn Meinke	ge-	hol	-t	.
Er	hat	einen Hamburger				

„hab-en" → **ge- Stamm -(e)t** → Perfekt (Aktiv)

b) Unregelmäßige Verben: Partizip II

Sie	hat		an-	ge-	ruf	-en	.
Das	habe	ich			vergess	-en	.
Ich	habe	mein Geld			verlor	-en	!
Wo	hast	du es		ge-	fund	-en	?
Sie	haben	nichts		ge-	seh	-en	.

„hab-en" → **ge- Perfekt-Stamm -en** → Perfekt (Aktiv)

c) Trennbare Verben – nicht trennbare Verben: Partizip II

Infinitiv	Partizip II
ein/kaufen	**ein** - ge - kauf - t
an/rufen	**an** - ge - ruf - en
mit/nehmen	**mit** - ge - nomm - en
auf/stehen	**auf** - ge - stand - en
um/steigen	**um** - ge - stieg - en
kaputt/machen	**kaputt** - ge - mach - t
aus/räumen	**aus** - ge - räum - t

PRÄFIX - ge - STAMM - {t / en}

Infinitiv	Partizip II
besuchen	**besuch** - t
erzählen	**erzähl** - t
vergessen	**vergess** - en
verlieren	**verlor** - en

STAMM - {t / en}

d) Verben auf „-ieren": Partizip II

Infinitiv	Partizip II
diktieren	diktier - t
fotografieren	fotografier - t
telefonieren	telefonier - t

ier - t

e) Perfekt mit „haben" oder mit „sein"

Das Verb bezeichnet eine "Ortsveränderung".
→ Perfekt mit "sein":

Beispiel: Horst hat im Supermarkt eingekauft.
Dann <u>ist</u> er nach Hause gefahren.

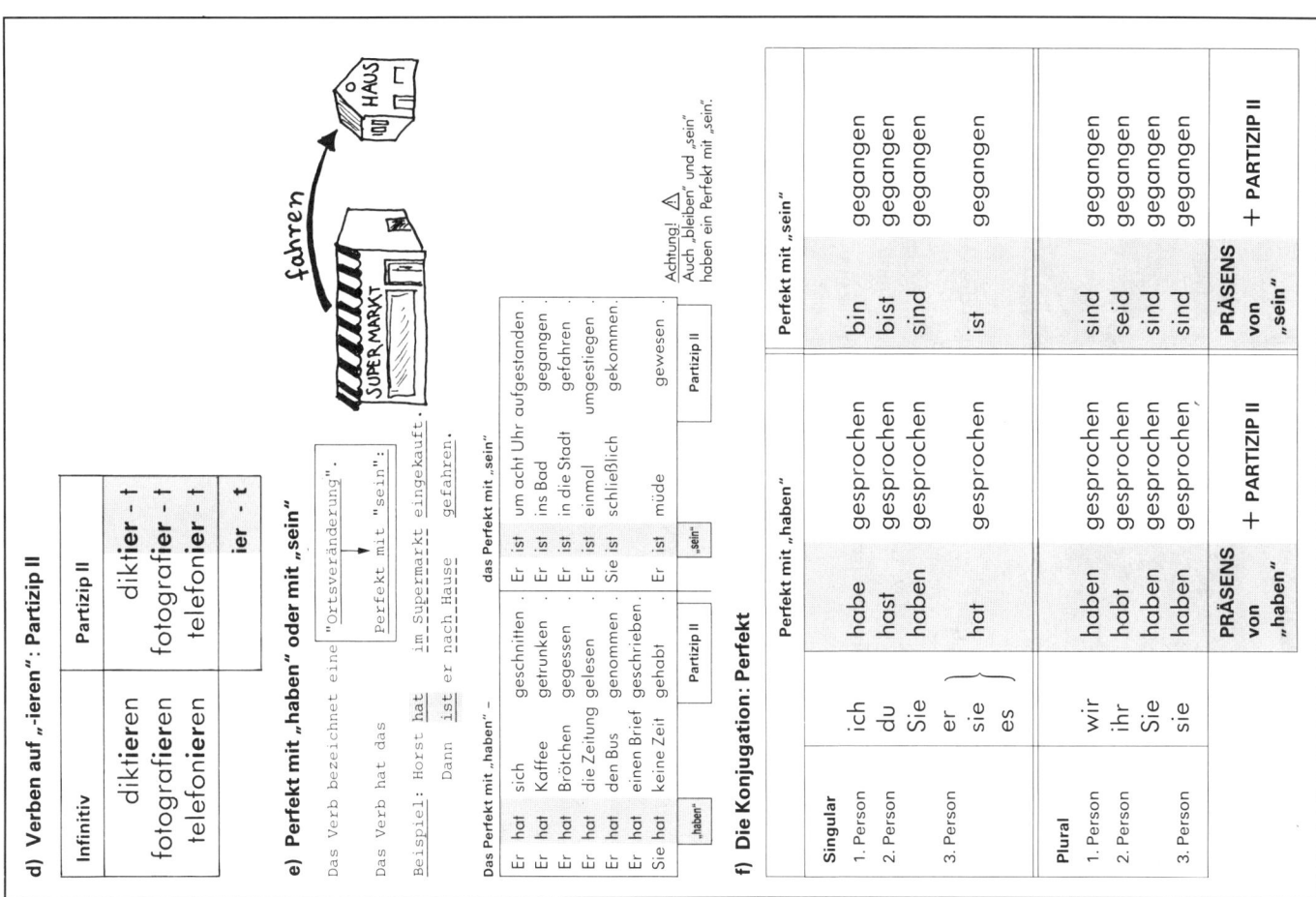

Das Perfekt mit „haben" – **das Perfekt mit „sein"**

Er	hat	sich		geschnitten	.	Er	ist	um acht Uhr	aufgestanden	.
Er	hat	Kaffee		getrunken	.	Er	ist	ins Bad	gegangen	.
Er	hat	Brötchen		gegessen	.	Er	ist	in die Stadt	gefahren	.
Er	hat	die Zeitung		gelesen	.	Er	ist	einmal	umgestiegen	.
Er	hat	den Bus		genommen	.	Sie	ist	schließlich	gekommen	.
Er	hat	einen Brief		geschrieben	.					
Sie	hat	keine Zeit		gehabt	.	Er	ist	müde	gewesen	.

„haben" Partizip II   „sein" Partizip II

Achtung! ⚠
Auch „bleiben" und „sein" haben ein Perfekt mit „sein".

f) Die Konjugation: Perfekt

Singular

		Perfekt mit „haben"		Perfekt mit „sein"	
1. Person	ich	habe	gesprochen	bin	gegangen
2. Person	du	hast	gesprochen	bist	gegangen
	Sie	haben	gesprochen	sind	gegangen
3. Person	er / sie / es	hat	gesprochen	ist	gegangen

Plural

1. Person	wir	haben	gesprochen	sind	gegangen
2. Person	ihr	habt	gesprochen	seid	gegangen
	Sie	haben	gesprochen	sind	gegangen
3. Person	sie	haben	gesprochen	sind	gegangen
	PRÄSENS von „haben"	+ PARTIZIP II		PRÄSENS von „sein"	+ PARTIZIP II

8.13 Präteritum → 4B3, 10B1

a) Präteritum von „sein" und „haben"

Infinitiv		haben		sein	
Singular					
1. Person	ich	ha-**tt**-e	-e	**war**- —	—
2. Person	du / Sie	ha-**tt**-est	-est	**war**-st	-st
		ha-**tt**-en	-en	**war**-en	-en
3. Person	er / sie / es	ha-**tt**-e	-e	**war**- —	—
Plural					
1. Person	wir	ha-**tt**-en	-en	**war**-en	-en
2. Person	ihr / Sie	ha-**tt**-et	-et	**war**-t	-t
		ha-**tt**-en	-en	**war**-en	-en
3. Person	sie	ha-**tt**-en	-en	**war**-en	-en

Präteritum ←→ Präteritumsignal

-**tt**- ← war

b) Präteritum: regelmäßige Verben

Infinitiv		leben	arbeiten	müssen	Endung
Singular					
1. Person	ich	leb-**t**-e	arbeit-**et**-e	muß-**t**-e	-e
2. Person	du / Sie	leb-**t**-est	arbeit-**et**-est	muß-**t**-est	-est
		leb-**t**-en	arbeit-**et**-en	muß-**t**-en	-en
3. Person	er / sie / es	leb-**t**-e	arbeit-**et**-e	muß-**t**-e	-e
Plural					
1. Person	wir	leb-**t**-en	arbeit-**et**-en	muß-**t**-en	-en
2. Person	ihr / Sie	leb-**t**-et	arbeit-**et**-et	muß-**t**-et	-et
		leb-**t**-en	arbeit-**et**-en	muß-**t**-en	-en
3. Person	sie	leb-**t**-en	arbeit-**et**-en	muß-**t**-en	-en

Präteritum + Präteritumsignal

c) Präteritum: unregelmäßige Verben

Die Römer eroberten ganz Gallien.

Das **war** um 50 vor Christus.

Sie schützten die Grenze zwischen Gallien und Germanien.

Plötzlich **kamen** die Germanen; sie **sangen** laut, **marschierten** nach Gallien und **griffen** die Römer an.

Sofort **verließ** die erste römische Legion das Lager.

Infinitiv		kommen	verlassen	fahren	verlieren	Endung
Singular						
1. Person	ich	kam- —	verließ- —	fuhr- —	verlor- —	—
2. Person	du / Sie	kam-st	verließ-**t**	fuhr-st	verlor-st	-st
		kam-en	verließ-en	fuhr-en	verlor-en	-en
3. Person	er / sie / es	kam- —	verließ- —	fuhr- —	verlor- —	—
Plural						
1. Person	wir	kam-en	verließ-en	fuhr-en	verlor-en	-en
2. Person	ihr / Sie	kam-**t**	verließ-**t**	fuhr-**t**	verlor-**t**	-t
		kam-en	verließ-en	fuhr-en	verlor-en	-en
3. Person	sie	kam-en	verließ-en	fuhr-en	verlor-en	-en

Präteritum + Präteritumsignal

8.1.4 Plusquamperfekt → 10B3

ANTEK PISTOLE

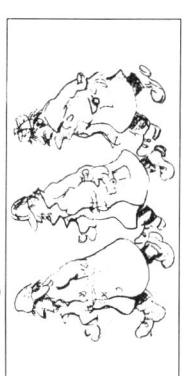

Antek Pistole war ein Besenbinder.
Antek hatte das Besenbinden von seinem Vater gelernt, und der hatte es auch von seinem Vater gelernt usw.

Das Gespräch der drei Gehenden

...und wenn der eine zu Ende gesprochen hatte, sprach der zweite, und dann der dritte, ...
...sie waren aber keine Brüder, waren nur Männer, die gingen, gingen, gingen, nachdem sie einander zufällig **begegnet waren.**

		Plusquamperfekt mit „haben"			Plusquamperfekt mit „sein"	
Singular						
1. Person	ich	hatte	gelernt		war	begegnet
2. Person	du	hattest	gelernt		warst	begegnet
	Sie	hatten	gelernt		waren	begegnet
3. Person	er / sie / es	hatte	gelernt		war	begegnet
Plural						
1. Person	wir	hatten	gelernt		waren	begegnet
2. Person	ihr	hattet	gelernt		wart	begegnet
	Sie	hatten	gelernt		waren	begegnet
3. Person	sie	hatten	gelernt		waren	begegnet
		Präteritum von „haben"	+ Partizip II		**Präteritum** von „sein"	+ Partizip II

8.1.5 Futur I und Futur II → 15B1, 15B3

Futur I: Formen

Infinitiv		kommen werden	
Singular			
1. Person	ich	werde	kommen
2. Person	du	wirst	kommen
	Sie	werden	kommen
3. Person	er / sie / es	wird	kommen
Plural			
1. Person	wir	werden	kommen
2. Person	ihr	werdet	kommen
	Sie	werden	kommen
3. Person	sie	werden	kommen
		„werd"- + INFINITIV PRÄSENS	

Futur II: Formen

		gekommen sein werden		
Singular				
1. Person	ich	werde	gekommen	sein
2. Person	du	wirst	gekommen	sein
	Sie	werden	gekommen	sein
3. Person	er / sie / es	wird	gekommen	sein
Plural				
1. Person	wir	werden	gekommen	sein
2. Person	ihr	werdet	gekommen	sein
	Sie	werden	gekommen	sein
3. Person	sie	werden	gekommen	sein
		„werd"- + INFINITIV PERFEKT		

Futur I und Futur II: Bedeutung und Gebrauch

① Futur I
Die Einwohnerzahl wird bis zum Jahr 2030 abnehmen.

Prognose

② Futur I
Sie wird Ihre Kette (wohl) wiederfinden.
Er wird jetzt (wohl) keine Zeit haben.

Vermutung → Zukunft/Gegenwart

③ Futur I
„Kommst du auch?" – „Ich werde kommen!"
„Kommt ihr auch?" – „Wir werden kommen!"

Versprechen

④ Futur I
„Du wirst (jetzt sofort) kommen!"
„Ihr werdet das bis morgen auswendig lernen!"

Befehl

Futur II
Die Einwohnerzahl wird im Jahr 2030 abgenommen haben.

Prognose

Futur II
Die Kette wird in den Ausschnitt gerutscht sein.
Er wird gestern (wohl) keine Zeit gehabt haben.

Vermutung → Vergangenheit

115

8.2 Imperativ → 13B1, 13B10

8.2.1 Formen

Infinitiv	geben	nehmen	machen	sein	haben
Singular					
2. Person	gib! / geben Sie!	nimm! / nehmen Sie!	mach! / machen Sie!	sei! / seien Sie!	hab! / haben Sie!
Plural					
1. Person	geben wir!	nehmen wir!	machen wir!	seien wir!	haben wir!
2. Person	gebt! / geben Sie!	nehmt! / nehmen Sie!	macht! / machen Sie!	seid! / seien Sie!	habt! / haben Sie!

8.2.2 Gebrauch

Befehl/Aufforderung

Zeichnen Sie vier Quadrate!
Schneiden Sie bitte die Figur aus!

Anleitung/Anweisung

Erziehung

nimm die Finger weg
sitz ruhig
mach dich nicht schmutzig
bring das sofort wieder zurück
schmier dich nicht voll
sei ruhig
laß das

8.3 Konjunktiv

8.3.1 Der Konjunktiv mit „würd-" → 13B2, 13B10

① **Formen**

Infinitiv		geben
Singular		
1. Person	ich	würd- e geben
2. Person	du	würd- est geben
	Sie	würd- en geben
3. Person	er/sie/es	würd- e geben
Plural		
1. Person	wir	würd- en geben
2. Person	ihr	würd- et geben
	Sie	würd- en geben
3. Person	sie	würd- en geben

würd- + INFINITIV

② **Bedeutung und Gebrauch**

Höfliche Bitte

Würden Sie mir bitte Feuer geben?

Konjunktiv (im Fragesatz)

Würden Sie mir bitte Feuer geben?
Würdest du mich bitte mitnehmen?
Könntest du mal eben kommen?
Könnten Sie mir das erklären?

Rat

Sie sollten auf jeden Fall die verkehrsreichen Tage meiden.
Du solltest einmal zum Arzt gehen.

8.3.2 Der Konjunktiv II der Modalverben: Formen → 15B2

Infinitiv		können	dürfen	müssen	mögen	Endung
Singular						
1. Person	ich	könn- t- e	dürf- t- e	müß- t- e	möch- t- e	-e
2. Person	du	könn- t- est	dürf- t- est	müß- t- est	möch- t- est	-est
	Sie	könn- t- en	dürf- t- en	müß- t- en	möch- t- en	-en
3. Person	er/sie/es	könn- t- e	dürf- t- e	müß- t- e	möch- t- e	-e
Plural						
1. Person	wir	könn- t- en	dürf- t- en	müß- t- en	möch- t- en	-en
2. Person	ihr	könn- t- et	dürf- t- et	müß- t- et	möch- t- et	-et
	Sie	könn- t- en	dürf- t- en	müß- t- en	möch- t- en	-en
3. Person	sie	könn- t- en	dürf- t- en	müß- t- en	möch- t- en	-en

UMLAUT – „t" – ENDUNG

Bedeutung und Gebrauch → 15B4

Vermutung

Die Zahl könnte noch weiter abnehmen.
Die Zahl dürfte nach den Prognosen steigen.
800 Mark müßten für Essen und Trinken reichen.

unsicher
etwas unsicher
fast sicher → sicher

„Die Zahl steigt"

Wunsch/Bitte

Was möchten Sie?
Was möchtest du?
Ich möchte ...

116

8.3.3 Der Konjunktiv II (gebildet vom Präteritum)

a) Formen → 17B8

	Unregelmäßige Verben, z. B. kommen	Regelmäßige Verben, z. B. machen	sein	haben	Endung
Singular					
1. ich	käm-e	mach-t-e	wär-e	hätt-e	-e
2. du	käm-est	mach-t-est	wär-est	hätt-est	-est
Sie	käm-en	mach-t-en	wär-en	hätt-en	-en
3. er/sie/es	käm-e	mach-t-e	wär-e	hätt-e	-e
Plural					
1. wir	käm-en	mach-t-en	wär-en	hätt-en	-en
2. ihr	käm-et	mach-t-et	wär-et	hätt-et	-et
Sie	käm-en	mach-t-en	wär-en	hätt-en	-en
3. sie	käm-en	mach-t-en	wär-en	hätt-en	-en

PRÄTERITUM-Stamm mit Umlaut / ohne Umlaut + KONJUNKTIV-Endung

b) Bedeutung und Gebrauch: Potentialis → 17B10

Wenn ich das Geld dafür (hätte) / [(haben würde)],
- (zöge) ich aus.
- (würde) ich ausziehen.
- (nähme) ich mir eine Wohnung.
- (würde) ich mir eine Wohnung nehmen.

KONJUNKTIV II (vom Präteritum)

Das bedeutet zugleich:
Aber ich **habe jetzt kein Geld** dafür, deshalb **ziehe** ich **jetzt nicht aus**, deshalb **nehme** ich mir **jetzt keine** Wohnung.

> **JETZT: nicht – vielleicht SPÄTER = potential**

8.3.4 Der Konjunktiv II (gebildet vom Plusquamperfekt)

a) Formen → 17B9

				+ PARTIZIP II
Singular				
1. ich	wär-e		hätt-e	
2. du	wär-est		hätt-est	
Sie	wär-en	gekommen	hätt-en	besucht
3. er/sie/es	wär-e	gewesen	hätt-e	gemacht
		geblieben		gehabt
Plural				
1. wir	wär-en		hätt-en	
2. ihr	wär-et		hätt-et	
Sie	wär-en		hätt-en	
3. sie	wär-en		hätt-en	

KONJUNKTIV II von „sein" + PARTIZIP II   **KONJUNKTIV II von „haben"** + PARTIZIP II

b) Bedeutung und Gebrauch: Irrealis → 17B10

Wenn ich mit 17 (ausgezogen wäre),
- (hätte) es eine Auseinandersetzung gegeben.
- (wäre) es zu Konflikten gekommen.

KONJUNKTIV II (vom Plusquamperfekt)

Das bedeutet zugleich:
Aber ich **bin damals nicht ausgezogen**, deshalb **hat** es **keine** Auseinandersetzung **gegeben**, deshalb **ist** es **nicht** zu Konflikten **gekommen**.

> **DAMALS: nicht real = irreal!**
> **AUCH SPÄTER: nicht real = irreal!**

8.3.5 Der Konjunktiv I (Präsens)

a) Formen → 20B3

Infinitiv	sein	haben	werden	können	gehen	arbeiten	Endung
Singular							
1. Person ich	sei-	hab-e	werd-e	könn-e	geh-e	arbeit-e	-e
2. Person du	sei-(e)st	hab-est	werd-est	könn-est	geh-est	arbeit-est	-est
Sie	sei-en	hab-en	werd-en	könn-en	geh-en	arbeit-en	-en
3. Person er/sie/es	sei-	hab-e	werd-e	könn-e	geh-e	arbeit-e	-e
Plural							
1. Person wir	sei-en	hab-en	werd-en	könn-en	geh-en	arbeit-en	-en
2. Person ihr	sei-et	hab-et	werd-et	könn-et	geh-et	arbeit-et	-et
Sie	sei-en	hab-en	werd-en	könn-en	geh-en	arbeit-en	-en
3. Person sie	sei-en	hab-en	werd-en	könn-en	geh-en	arbeit-en	-en

Infinitiv-Stamm + Konjunktiv-Endung

b) Bedeutung und Gebrauch: Indirekte Rede → 20B4

„Friede unter den Völkern kann nur gedeihen, wenn ..."

„Gerade dort, wo ein Ort von einem einzigen Betrieb abhängt (abhängig ist), sind die Menschen auf Hilfe beim Aufbau neuer Beschäftigung angewiesen."

„Es geht um neue Arbeitsplätze ..."

„Das ist eine Aufgabe für uns alle überall im Bundesgebiet."

„Wer arbeiten kann und will, darf nicht auf Dauer zu unfreiwilliger Untätigkeit verurteilt bleiben."

Landshuter Zeitung
NIEDERBAYERISCHES HEIMATBLATT FÜR STADT UND LAND – GEGRÜNDET 1849

Der Bundespräsident hat gesagt, Friede unter den Völkern könne nur gedeihen, wenn ...

Gerade dort, wo ein Ort von einem einzigen Betrieb (abhänge) abhängig sei, seien die Menschen auf Hilfe beim Aufbau neuer Beschäftigung angewiesen.

Es gehe um neue Arbeitsplätze ...

Das sei eine Aufgabe für alle überall im Bundesgebiet.

Wer arbeiten könne und wolle, dürfe nicht auf Dauer zu unfreiwilliger Untätigkeit verurteilt bleiben.

8.3.6 Der Konjunktiv I (Perfekt)

a) Formen → 20B5

Singular				
1. Person	ich	sei-		hab-e
2. Person	du	sei-(e)st		hab-est
	Sie	sei-en		hab-en
3. Person	er/sie/es	sei-	gewesen / geworden / gegangen /	hab-e	gehabt / gekonnt / gearbeitet / .....
Plural				
1. Person	wir	sei-en		hab-en
2. Person	ihr	sei-et		hab-et
	Sie	sei-en		hab-en
3. Person	sie	sei-en		hab-en

KONJUNKTIV I von „sein" + PARTIZIP II
KONJUNKTIV I von „haben" + PARTIZIP II

b) Bedeutung und Gebrauch: Indirekte Rede → 20B6

Direkte Rede	Indirekte Rede
„Ich **hatte** vorige Woche keine Zeit. Meine Freunde **haben** mich **besucht**. Sie **sind** bis zum Wochenende **geblieben**."	Er sagt / sagte / hat gesagt, ... er **habe** vorige Woche keine Zeit **gehabt**. (er **hätte** vorige Woche keine Zeit **gehabt**.) Seine Freunde **hätten** ihn **besucht**. Sie **seien** bis zum Wochenende **geblieben**. (Sie **wären** bis zum Wochenende **geblieben**.)
PRÄTERITUM / PERFEKT (INDIKATIV)	**KONJUNKTIV I (Perfekt) oder KONJUNKTIV II (Plusquamperfekt)**

118

8.4 Indikativ und Konjunktiv in der indirekten Rede → 20B4

Indirekte Rede: **Indikativ** *oder*   **Konjunktiv I (Präsens)**

Direkte Rede	Indirekte Rede	Indirekte Rede	Indirekte Rede	Indirekte Rede	Bevorzugte Konjunktiv-Form:
	Er sagt / sagte / hat gesagt, ...				
„Ich **habe** leider keine Zeit."	..... er **hat** leider keine Zeit. ..... daß er leider keine Zeit **hat**.	..... er **habe** leider keine Zeit. ..... daß er leider keine Zeit **habe**.	..... er **hätte** leider keine Zeit. ..... daß er leider keine Zeit **hätte**.		**Konjunktiv I (Präsens)**
„Meine Freunde **kommen** heute zu Besuch."	..... seine Freunde **kommen** heute zu Besuch. ..... daß seine Freunde heute zu Besuch **kommen**.	..... seine Freunde **kommen** heute zu Besuch. ..... daß seine Freunde heute zu Besuch **kommen**.	..... seine Freunde **kämen** heute zu Besuch. ..... daß seine Freunde heute zu Besuch **kämen**.	(..... seine Freunde **würden** heute zu Besuch **kommen**.) (..... daß seine Freunde heute zu Besuch **kommen würden**.)	**Konjunktiv II (Präteritum)**
„Sie **bleiben** bis zum Wochenende."	..... sie **bleiben** bis zum Wochenende. ..... daß sie bis zum Wochenende **bleiben**.	..... sie **bleiben** bis zum Wochenende. ..... daß sie bis zum Wochenende **bleiben**.	..... sie **blieben** bis zum Wochenende. ..... daß sie bis zum Wochenende **blieben**.	..... sie **würden** bis zum Wochenende **bleiben**. ..... daß sie bis zum Wochenende **bleiben würden**.	**Konjunktiv II (Präteritum)** *oder* **Ersatzform mit „würd-"**
	Indikativ Präsens	„Faustregel" für den **Konjunktiv I (Präsens):** Konjunktiv I (Präsens) **Konjunktiv I (Präsens):** Konjunktiv II (Präteritum)	Konjunktiv II (Präteritum)	Ersatzform mit „würd-"	

Konjunktiv in der indirekten Rede:

er habe ≠ er hat   (Indikativ Präsens)
sie kommen = sie kommen   (Indikativ Präsens)
sie blieben = sie blieben   (Indikativ Präteritum)

Gebrauch: Indikativ Präsens — Vor allem in gesprochener Sprache.

Konjunktiv I (Präsens) und **Konjunktiv II (Präteritum)**

Gebrauch: Vor allem in *schriftlichen* Texten, z. B. in Zeitungstexten!

Änderung der Pronomen:
- „ich" → er/sie
- „meine" → seine/ihre

8.5 Das Passiv → 13B3–10

8.5.1 Präsens

Infinitiv			gesehen werden	gekocht werden	vorbereitet werden
Singular					
1. Person	ich	werd- e	gesehen	—	vorbereitet
2. Person	du	wir ~ st	gesehen	—	vorbereitet
	Sie	werd- en	gesehen	—	vorbereitet
3. Person	er / sie / es	wird -	gesehen	gekocht	vorbereitet
Plural					
1. Person	wir	werd- en	gesehen	—	vorbereitet
2. Person	ihr	werd- et	gesehen	—	vorbereitet
	Sie	werd- en	gesehen	—	vorbereitet
3. Person	sie	werd- en	gesehen	gekocht	vorbereitet

PRÄSENS von „werden" + **PARTIZIP II**

8.5.2 Weitere Tempora (Präteritum, Perfekt, Plusquamperfekt) am Beispiel der 3. Pers. Singular → 17B1

Präsens	Der Tisch	wird	gedeckt.	
Präteritum	Der Tisch	wurde	gedeckt.	
Perfekt	Der Tisch	ist	gedeckt	worden.
Plusquamperfekt	Der Tisch	war	gedeckt	worden.
		TEMPUSFORMEN von „werden"	**PARTIZIP II**	

8.5.3 Passiv – Aktiv: Bedeutung

Die Kartoffel	wird	geschält.
Sie	wird	geschnitten.
Die Kartoffeln	werden	gekocht.
Sie	werden	gepreßt.

NOMINATIV-ERGÄNZUNG — **Verb im PASSIV**

Der Koch	schält	die Kartoffel.
Er	schneidet	sie.
Er	kocht	die Kartoffeln.
Er	preßt	sie.

NOMINATIV-ERGÄNZUNG — **Verb im AKTIV** — **AKKUSATIV-ERGÄNZUNG**

| Die Kartoffel | wird geschält. |
| A K T I O N | |

| Der Koch | schält | die Kartoffel. |
| **AKTEUR** | **A K T I O N** | |

8.5.4 Passiv: Bedeutung und Gebrauch

Aussagesatz (Passiv)

Die Kartoffel wird geschält.
Sie wird in kleine Stücke geschnitten.
Die Kartoffeln werden gekocht.
Sie werden gepreßt.
Heiße Milch wird über die Kartoffeln gegossen.

Erklärung/Anleitung

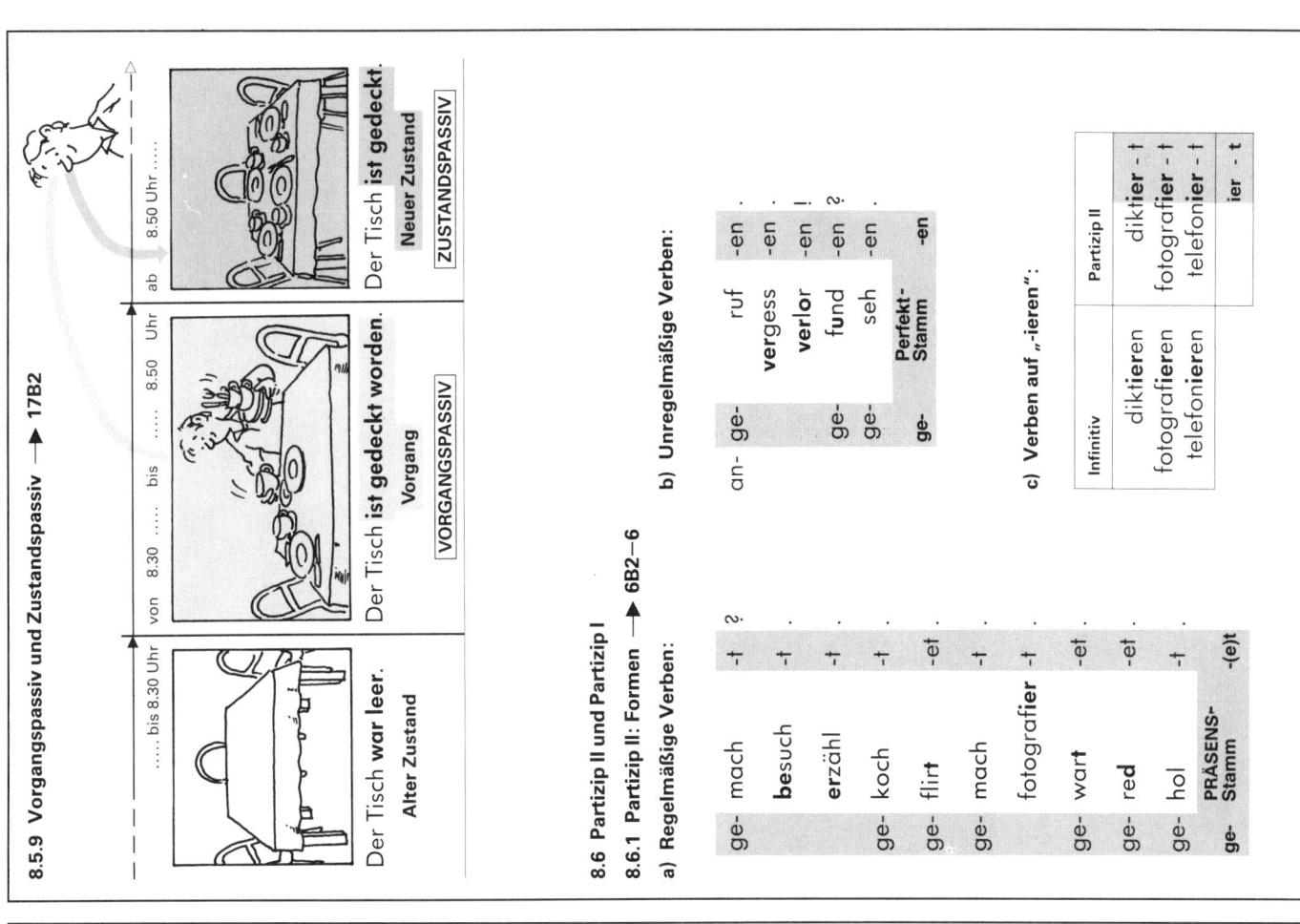

8.5.5 Passiv mit „Agens"-Nennung

Die	Kartoffel	wird				geschält.
Das	Essen	wird	**vom** (= **von dem**)	Koch		serviert.
Die	Wörter	werden	**vom** (= **von dem**)	Ober		erklärt.
			von	der Lehrerin		

AKTEUR/AKTEURIN („Agens")

8.5.6 Aktiv mit Indefinitpronomen

Der Küchenchef erklärt:

Wie	bereitet	**man**	die Kartoffel.
	Man	schält	sie in kleine Stücke.
	Man	schneidet	die Kartoffeln in Salzwasser.
	Man	kocht	sie durch eine Kartoffelpresse.
	Man	preßt	heiße Milch über die Kartoffeln.
	Man	gießt	
?	**Man**	?	?
?		?	

Verb im AKTIV

8.5.7 Passiv bei Modalverben: Klammer

Der Kopierer	muß	zuerst		eingeschaltet werden.
Der Kontrast	kann	mit dem Regler		eingestellt werden.
Der Belichtungsregler	muß	nach rechts		geschoben werden.
Die Vorlagen	müssen	auf die Glasplatte		gelegt werden.
Die Kopien	können	jetzt		gemacht werden.

Modalverb im AKTIV

Vollverb im INFINITIV PASSIV

PARTIZIP II + werden

8.5.8 Passiv im Nebensatz: Klammer

Wir achten darauf,	**daß**	das Püree langsam	erwärmt	**wird.**
Es ist wichtig,	**daß**	die Garzeit nicht	überschritten	**wird.**
Auf der Packung steht,	**daß**	das Püree beliebig	variiert	werden **kann.**
Der Koch sagt,	**daß**	die Milch leicht	gesalzen	werden **kann.**

PARTIZIP II + werd- + MODALVERB

8.5.9 Vorgangspassiv und Zustandspassiv → 17B2

Der Tisch war leer.
Alter Zustand

Der Tisch **ist gedeckt worden.**
Vorgang
VORGANGSPASSIV

Der Tisch **ist gedeckt.**
Neuer Zustand
ZUSTANDSPASSIV

8.6 Partizip II und Partizip I
8.6.1 Partizip II: Formen → 6B2–6

a) Regelmäßige Verben:

ge-	mach	-t	?
	besuch	-t	.
	er**zähl**	-t	.
ge-	koch	-t	.
ge-	flirt	-et	.
ge-	mach	-t	.
	fotografier	-t	.
ge-	wart	-et	.
ge-	red	-et	.
ge-	hol	-t	.
ge-		**-(e)t**	

PRÄSENS-Stamm

b) Unregelmäßige Verben:

an-	ge-	ruf	-en	.
		vergess	-en	.
		verlor	-en	!
	ge-	fund	-en	?
	ge-	seh	-en	.
	ge-		**-en**	

Perfekt-Stamm

c) Verben auf „-ieren":

Infinitiv	Partizip II
diktieren	diktier - t
fotografieren	fotografier - t
telefonieren	telefonier - t
	ier - t

d) Trennbare Verben – nicht trennbare Verben

Infinitiv	Partizip II			Infinitiv	Partizip II	
ein/kaufen	**ein** - ge - kauf	-t		**b**esuchen	**b**esuch	-t
an/rufen	**an** - ge - ruf	-en		**er**zählen	**er**zähl	-t
mit/nehmen	**mit** - ge - nomm	-en		**ver**gessen	**ver**gess	-en
auf/stehen	**auf** - ge - stand	-en		**ver**lieren	**ver**lor	-en
um/steigen	**um** - ge - stieg	-en				
kaputt/machen	**kaputt** - ge - mach	-t			STAMM - { -t / -en }	
aus/räumen	**aus** - ge - räum	-t				

PRÄFIX - ge - STAMM - { -t / -en }

8.6.2 Partizip I: Formen → 17B3

Infinitiv Präsens		Partizip I	
dampf	-en	dampf	-end
koch	-en	koch	-end
sing	-en	sing	-end
lach	-en	lach	-end
lächel	-n	lächel	-nd

⚠ STAMM - (e)nd

8.6.3 Partizip II und Partizip I: Gebrauch → 17B4–7

a) Partizip II und Partizip I als Attribut

Das Partizip II als Attribut

Artikel	Attribut	Substantiv
der	groß-e	Tisch
	gedeckt-e	

ADJEKTIV - e
PARTIZIP II - e

Das Partizip I als Attribut

Artikel	Attribut	Substantiv
der	heiß-e	Kaffee
	dampfend-e	

ADJEKTIV - e
PARTIZIP I - e

b) Partizip II und Partizip I: Grundbedeutung

Partizip II	Das bedeutet:
der **gedeckte** Tisch:	Der Tisch ist (vorher) **gedeckt worden**.
das **gekochte** Ei:	Das Ei ist (vorher) **gekocht worden**.

PERFEKT PASSIV

Partizip I

der **dampfende** Kaffee: Der Kaffee **dampft** (jetzt).
das **lächelnde** Fräulein: Das Fräulein **lächelt** (jetzt).

PRÄSENS AKTIV

c) Partizipialkonstruktionen mit Partizip II und Partizip I

mit Partizip II

JETZT: Die Eltern sitzen
Die Eltern sitzen (jetzt) am Tisch.

PARTIZIPIALKONSTRUKTION
am **gedeckten** Tisch.

VORHER: Der Tisch ist (vorher) **gedeckt worden**.

Vorzeitigkeit

mit Partizip I

JETZT: Die Eltern sitzen
Die Eltern sitzen (jetzt) vor dem Kaffee.

PARTIZIPIALKONSTRUKTION
vor dem **dampfenden** Kaffee.

JETZT: Der Kaffee **dampft** (jetzt).

Gleichzeitigkeit

d) Partizipialkonstruktion und Relativsatz

Partizip und Relativsatz als Attribut

Sie warten .....

..... an | dem | **gedeckten** | Tisch.
         | | PARTIZIPIALKONSTRUKTION |

..... an | dem | , der **gedeckt (worden) ist** .
         | | RELATIVSATZ |

Sie sitzen .....

..... vor | dem | **dampfenden** | Kaffee.
          | | PARTIZIPIALKONSTRUKTION |

..... vor | dem | , der **dampft** .
          | | RELATIVSATZ |

122

Partizipialkonstruktion ⇆ Relativsatz

	P A R T I Z I P I A L K O N S T R U K T I O N			
Ein	von der Polizei	zusammengestellter	Suchtrupp	fand das Kind.
Das	in einem Schneehaufen	schlafende	Kind	war wohlbehalten.
ARTI-KEL		PARTIZIP II/I	SUBSTANTIV	

| Ein | Suchtrupp | , der | von der Polizei | zusammengestellt worden war | , ... |
| Das | Kind | , das | in einem Schneehaufen | schlief | , ... |

R E L A T I V S A T Z

e) Partizip II als Teil der Form des Perfekts, Plusquamperfekts, Futur II → S. 113, 115

f) Partizip II als Teil der Form des Passivs → S. 120–121

8.6.4 Modalverben: Partizip II → 23B3

a) Modalverb + Vollverb

1. Ich habe leider nicht alles verstehen **können.**
2. Wir haben schon früh nach Hause fahren **müssen.**
3. Sie haben nicht allein in Urlaub fahren **dürfen.**
4. Sie hat ihm nicht weh tun **wollen.**
5. Man hat die Reisegewohnheiten analysieren **lassen.**
6. Er hat uns nicht zu helfen **brauchen.**

„haben" + Vollverb PARTIZIP II = INFINITIV } Ersatz-form

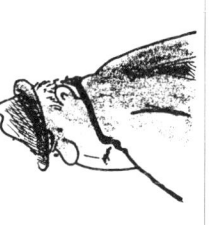

Diese Formen sind relativ selten. Statt dessen wird das Präteritum verwendet, z. B.:
1. Ich **konnte** leider nicht alles verstehen.

b) Modalverb = Vollverb

1. Ich habe die neuen Wörter nicht **gekonnt.**
2. Wir haben schon früh nach Hause **gemußt.**
3. Sie haben nicht allein ins Kino **gedurft.**
4. Sie hat das nicht **gewollt.**
5. Man hat uns nicht in Ruhe **gelassen.**
6. Er hat unsere Hilfe nicht **gebraucht.**

„haben" PARTIZIP II = Normalform

c) Häufiger Gebrauch der Partizip II-Ersatzform

1. Das hätte ich dir gleich sagen **können.**
   Du hättest ruhig auf mich warten **können.**
2. Ihr hättet ja nicht mitkommen **müssen.**
   Das hättest du nicht eigentlich wissen **müssen.**
3. – ich nicht – **dürfen.**
4. – – – –
5. Ich hätte dich das bestimmt tun **lassen.**
6. Ihr hättet gar nicht so früh zu kommen **brauchen.**
7. Ich hätte doch mit ins Theater gehen **sollen.**
   Du hättest ihn ausreden lassen **sollen.**

KONJUNKTIV II (vom Plusquamperfekt)

8.7 Reflexive Verben (mit Reflexivpronomen) → 14B3

„Der Deutsche schimpft nicht, er ärgert **sich.**"
„Der Deutsche weint nicht, er schämt **sich.**"
„Die Deutschen essen nicht, sie ernähren **sich.**"
„Die Deutschen genießen nicht, sie plagen **sich.**"

Infinitiv	sich	ärgern		
Singular				
1. Person	ich	ärgere	mich	
2. Person	du	ärgerst	dich	
	Sie	ärgern	**sich**	= Personalpronomen (→ 8B1)
3. Person	er / sie / es	ärgert	**sich**	
Plural				
1. Person	wir	ärgern	uns	
2. Person	ihr	ärgert	euch	
	Sie	ärgern	**sich**	= Personalpronomen (→ 8B1)
3. Person	sie	ärgern	**sich**	

Ebenso: sich freuen, sich schämen, sich ernähren, sich plagen, ...

8.8 Reziproke Verben → 22B5

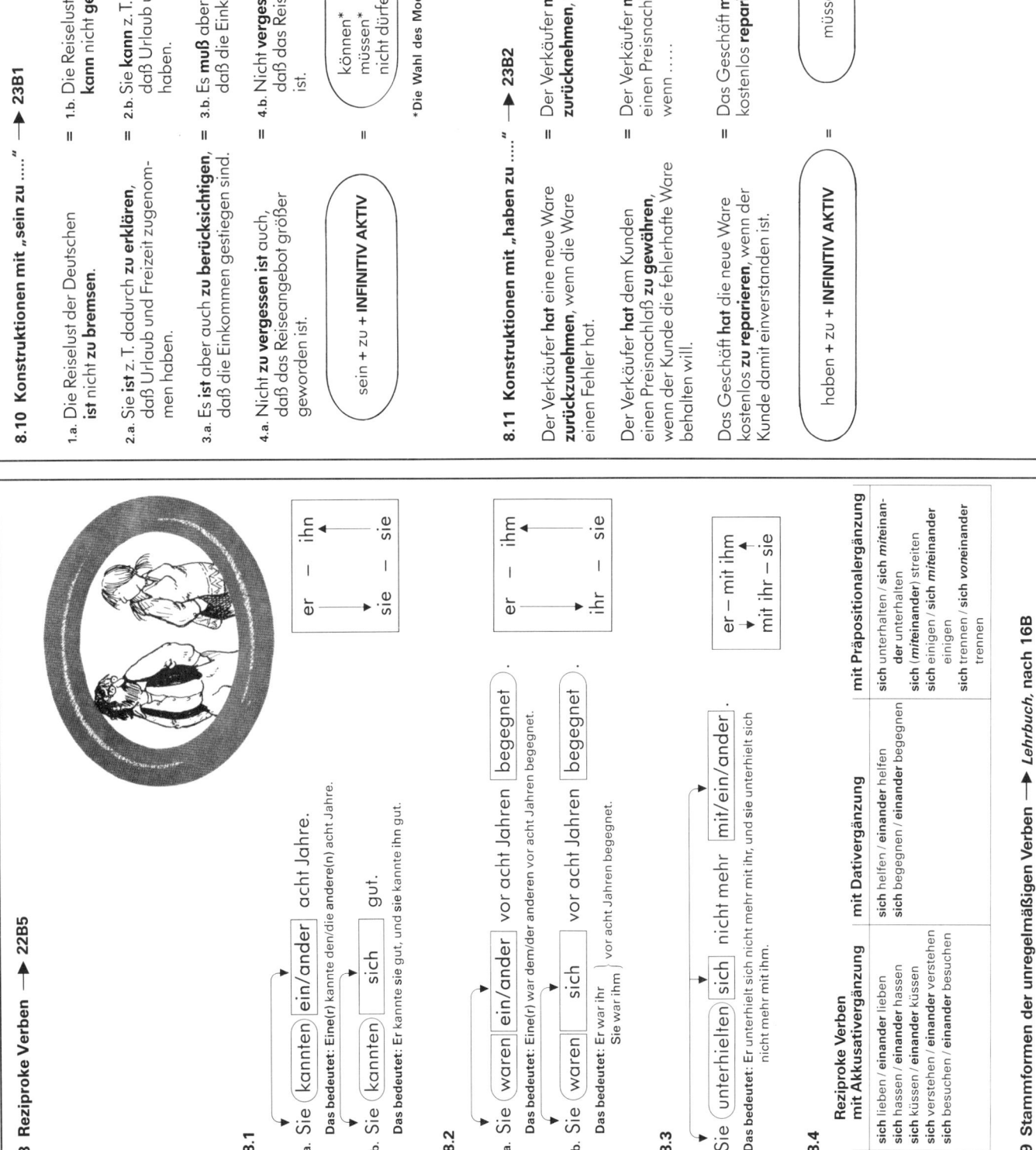

8.8.1

a. Sie kannten ein/ander acht Jahre.

Das bedeutet: Eine(r) kannte den/die andere(n) acht Jahre.

b. Sie kannten sich gut.

Das bedeutet: Er kannte sie gut, und sie kannte ihn gut.

er → ihn
sie → sie

8.8.2

a. Sie waren ein/ander vor acht Jahren begegnet.

Das bedeutet: Eine(r) war dem/der anderen vor acht Jahren begegnet.

b. Sie waren sich vor acht Jahren begegnet.

Das bedeutet: Er war ihr / Sie war ihm } vor acht Jahren begegnet.

er → ihm
ihr → sie

8.8.3

Sie unterhielten sich nicht mehr mit/ein/ander.

Das bedeutet: Er unterhielt sich nicht mehr mit ihr, und sie unterhielt sich nicht mehr mit ihm.

er – mit ihm
mit ihr – sie

8.8.4

Reziproke Verben mit Akkusativergänzung	mit Dativergänzung	mit Präpositionalergänzung
sich lieben / einander lieben sich hassen / einander hassen sich küssen / einander küssen sich verstehen / einander verstehen sich besuchen / einander besuchen	sich helfen / einander helfen sich begegnen / einander begegnen	sich unterhalten / sich miteinander unterhalten sich einigen / sich miteinander einigen sich trennen / sich voneinander trennen

8.9 Stammformen der unregelmäßigen Verben → *Lehrbuch*, nach 16B

8.10 Konstruktionen mit „sein zu ......" → 23B1

1.a. Die Reiselust der Deutschen **ist** nicht **zu bremsen.**
= 1.b. Die Reiselust der Deutschen **kann** nicht **gebremst werden.**

2.a. Sie **ist** z. T. dadurch **zu erklären,** daß Urlaub und Freizeit zugenommen haben.
= 2.b. Sie **kann** z. T. dadurch **erklärt werden,** daß Urlaub und Freizeit zugenommen haben.

3.a. Es **ist** aber auch **zu berücksichtigen,** daß die Einkommen gestiegen sind.
= 3.b. Es **muß** aber auch **berücksichtigt werden,** daß die Einkommen gestiegen sind.

4.a. Nicht **zu vergessen ist** auch, daß das Reiseangebot größer geworden ist.
= 4.b. Nicht **vergessen werden darf** auch, daß das Reiseangebot größer geworden ist.

sein + zu + **INFINITIV AKTIV** = können*
müssen*
nicht dürfen* } + **INFINITIV PASSIV**

*Die Wahl des Modalverbs ist vom Kontext abhängig.

8.11 Konstruktionen mit „haben zu ......" → 23B2

Der Verkäufer **hat** eine neue Ware **zurückzunehmen,** wenn die Ware einen Fehler hat.
= Der Verkäufer **muß** eine neue Ware **zurücknehmen,** wenn ....

Der Verkäufer **hat** dem Kunden einen Preisnachlaß **zu gewähren,** wenn der Kunde die fehlerhafte Ware behalten will.
= Der Verkäufer **muß** dem Kunden einen Preisnachlaß **gewähren,** wenn ....

Das Geschäft **hat** die neue Ware kostenlos **zu reparieren,** wenn der Kunde damit einverstanden ist.
= Das Geschäft **muß** die neue Ware kostenlos **reparieren,** wenn ....

haben + zu + **INFINITIV AKTIV** = müssen + **INFINITIV AKTIV**

8.13 Trennbare Verben – nicht trennbare Verben → 4B2

an/fangen

Wann	fängt	die Operation	an?
Die Operation	fängt	gleich	an.
Fängt		die Operation gleich	an?

beginnen

Wann	beginnt		die Operation?
Die Operation	beginnt		gleich.
Beginnt		die Operation gleich?	

zu/kleben

Alexander	klebt	die Wunde	zu.
Wie	klebt	Alexander die Wunde	zu?

verkleben

Alexander	verklebt	die Wunde.
Verklebt	Alexander	die Wunde?
Wie	verklebt	Alexander die Wunde?

ein/kaufen

Was	kauft	Frau Braun	ein?
Sie	kauft	Tomaten	ein.
Kauft	Sie	auch Oliven	ein?

verkaufen

Was	verkauft	Herr Spiros?
Er	verkauft	Tomaten.
Verkauft	er	auch Oliven?

9. Das Substantiv

9.1 Das Genus → 3B1

m = maskulinum		**n = neutrum**		**f = femininum**	
der	Clown	das	Auto	die	Cassette
der	Computer	das	Baby	die	City
der	Paß	das	Glas	die	Cola
der	Hamburger	das	Radio	die	Garage
der	Salat	das	Steak	die	Party
der	Star	das	Telefon	die	Hostess
			…	die	…

8.12 Funktionsverb-Gefüge → 22B1

Die „Wickert-Institute" **haben** in einer Umfrage **die Frage gestellt**, was die Deutschen von ihren Volksvertretern halten. In der Umfrage eines Mannheimer Instituts **stand** die Zufriedenheit mit den demokratischen Verhältnissen in der Bundesrepublik **zur Diskussion.** 79 Prozent der Befragten **gaben zur Antwort,** daß sie mit dem politischen System zufrieden sind. Das Ergebnis dieser Umfrage **fand große Beachtung:** Die meisten haben gar kein oder nur wenig Vertrauen zu den Politikern. Folgende Kritikpunkte **wurden zur Sprache gebracht:** Politiker geben nie Fehler zu und sind unaufrichtig.

FUNKTIONSVERB → die Frage stellen (FUNKTIONSVERB-GEFÜGE)

stellen

VOLLVERB → die Vase auf den Tisch stellen

verschiedene Bedeutungen „stellen" „fragen"

Funktionsverb-Gefüge			**Bedeutung**
(große) Beachtung	finden		(sehr) beachtet werden
Anerkennung	finden		anerkannt werden
zur Sprache	bringen		nennen, besprechen
zum Halten	bringen		anhalten
zur Sprache	kommen		genannt, besprochen werden
zum Halten	kommen		halten (stehenbleiben)
zur Diskussion	stehen	=	diskutiert werden (können)
in Rechnung	stellen		berechnen
(zur) Antwort	geben		antworten
den Rat	geben		raten
das Versprechen	geben		versprechen
Abschied	nehmen		sich verabschieden
eine Entwicklung	nehmen		sich entwickeln
in Kenntnis	setzen		informieren
sich in Bewegung	setzen		sich zu bewegen beginnen
Vorbereitungen	treffen		vorbereiten
eine Vereinbarung	treffen		vereinbaren

9.4 Singular – Plural → 4B1

Typ 1:

Singular	maskulinum **der** Arm	neutrum **das** Bein	maskulinum **der** Stuhl	femininum **die** Hand
	Konsonant		Konsonant	
Plural	die Arm-**e**	die Bein-**e**	die Stühl-**e**	die Händ-**e**
	die -e	die -e	die -e	die -e
	die	die	die	die

Typ 2a:

Singular	femininum **die** Lipp-e	(maskulinum) **der** Nam-e	(neutrum) **das** Aug-e
Plural	die Lippe-**n**	die Name-**n**	die Auge-**n**
	die -n	die -n	die -n

Typ 2b:

Singular	femininum **die** Wohnung	(maskulinum) **der** Schmerz	(neutrum) **das** Ohr
	Konsonant		
Plural	die Wohnung-**en**	die Schmerz-**en**	die Ohr-**en**
	die -en	die -en	die -en

9.2 Der unbestimmte Artikel – der bestimmte Artikel → 3B2–3

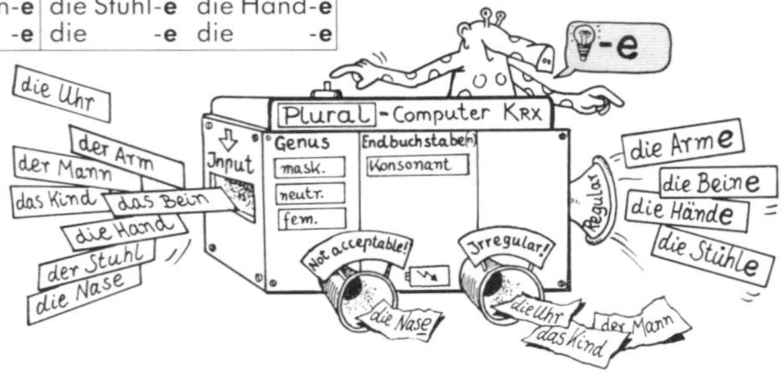

Das ist **ein** Clown.   **Der** Clown heißt Pippo.

Das ist **ein** Baby.   **Das** Baby ist drei Monate alt.

Das ist **eine** Hostess.   **Die** Hostess spricht Deutsch, Englisch und Französisch.

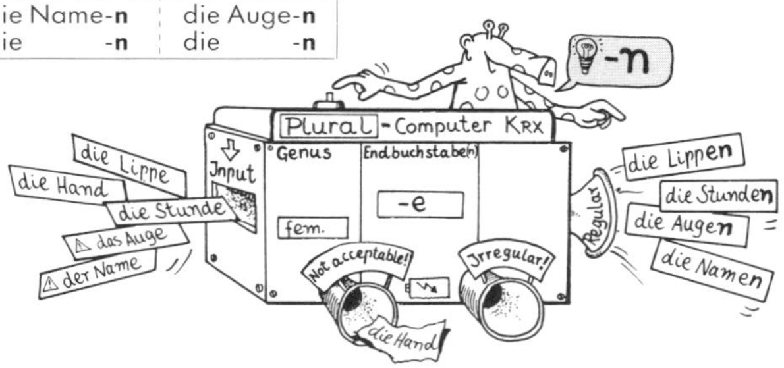

9.3 „ein-" – „kein-" → 3B6

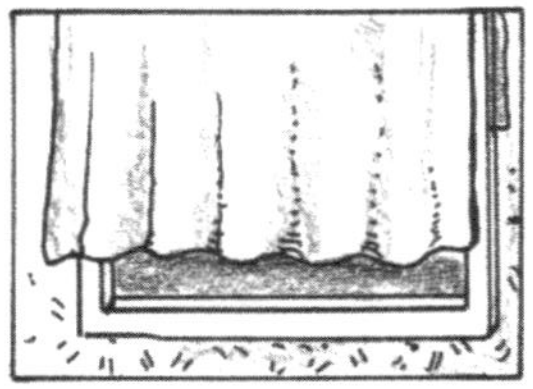

„Was ist das? Ist das **ein Bild**?" –

„Nein, das ist **kein Bild**,

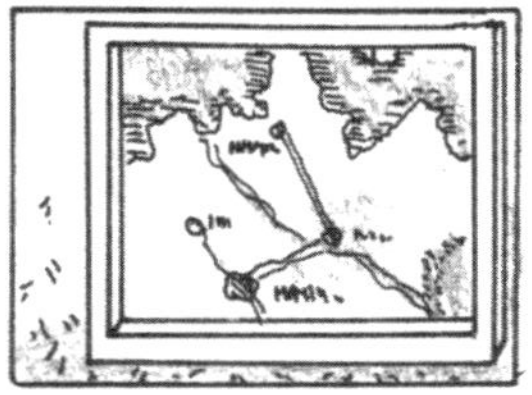

das ist **eine Landkarte**!"

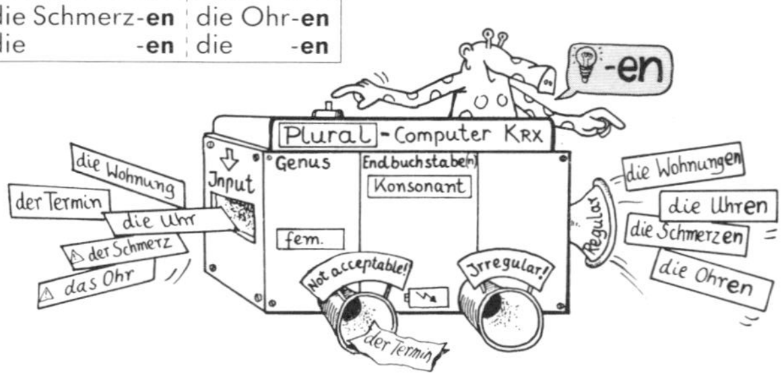

9.5 Deklination

9.5.1 Artikel und Substantiv → 7B1

	maskulinum	neutrum	femininum
Singular			
Nominativ	der /ein- — Tisch	das /ein- — Buch	die /ein- e Vase
Akkusativ	den /ein- en Tisch	das /ein- — Buch	die /ein- e Vase
Dativ	dem /ein- em Tisch	dem /ein- em Buch	der /ein- er Vase
Genitiv	des /ein-es Tisches	des /ein-es Buches	der /ein-er Vase
Plural			
Nominativ	die /— Tische	die /— Bücher	die /— Vasen
Akkusativ	die /— Tische	die /— Bücher	die /— Vasen
Dativ	den /— Tischen	den /— Büchern	den /— Vasen
Genitiv	der /— Tische	der /— Bücher	der /— Vasen

Genauso wie ein Tisch: kein Tisch, ein Buch: kein Buch, eine Vase: keine Vase

9.5.2 Demonstrativpronomen und Substantiv → 11B1

a) ● Wie gefällt dir **dieses Kleid**?
   ○ **Welches**?
   ● **Dás da**, das grüne.

b) ● **Was für einen Rock** möchtest du, **einen blauen** oder **einen grauen**?
   ○ **Einen blauen**.

	maskulinum	neutrum	femininum
Singular			
Nominativ	dies-er Rock	dies-es Kleid	dies-e Bluse
Akkusativ	dies-en Rock	dies-es Kleid	dies-e Bluse
Dativ	dies-em Rock	dies-em Kleid	dies-er Bluse
Genitiv	dies-es Rockes	dies-es Kleides	dies-er Bluse
Plural			
Nominativ	dies-e Röcke	dies-e Kleider	dies-e Blusen
Akkusativ	dies-e Röcke	dies-e Kleider	dies-e Blusen
Dativ	dies-en Röcken	dies-en Kleidern	dies-en Blusen
Genitiv	dies-er Röcke	dies-er Kleider	dies-er Blusen

dér (betont) = dieser   dás (betont) = dieses   díe (betont) = diese

---

Typ 3:

Singular	maskulinum **der** Finger	neutrum **das** Essen	(maskulinum) **der** Vater	(femininum) **die** Mutter
Plural	die Finger- — die Essen- — die Väter- — die Mütter- —			
	die -er,-el,-en	die —	die ¨	die ¨

Typ 4:

Singular	**das** Bild	neutrum **das** Glas _{1silbig}	(maskulinum) **der** Mann
Plural	die Bild-**er**	die Gläs-**er**	die Männ-**er**
	die -er	die ¨ -er	die ¨ -er

Typ 5:

Singular	maskulinum **der** Clown	neutrum **das** Steak Fremdwort	femininum **die** Party
Plural	die Clown-s die Steak-s die Party-s		
	die -s		

9.5.3 Fragepronomen und Substantiv → 11B2

	maskulinum	neutrum	femininum
Singular			
Nominativ	welch-er Rock	welch-es Kleid	welch-e Bluse
Akkusativ	welch-en Rock	welch-es Kleid	welch-e Bluse
Dativ	welch-em Rock	welch-em Kleid	welch-er Bluse
Genitiv	welch-es Rockes	welch-es Kleides	welch-er Bluse
Plural			
Nominativ	welch-e Röcke	welch-e Kleider	welch-e Blusen
Akkusativ	welch-e Röcke	welch-e Kleider	welch-e Blusen
Dativ	welch-en Röcken	welch-en Kleidern	welch-en Blusen
Genitiv	welch-er Röcke	welch-er Kleider	welch-er Blusen

9.5.4 Possessivpronomen und Substantiv → 8B3

	maskulinum	neutrum	femininum
Singular			
Nominativ	mein - -- Koffer	mein - -- Buch	mein - e Tasche
Akkusativ	mein - en Koffer	mein - -- Buch	mein - e Tasche
Dativ	mein - em Koffer	mein - em Buch	mein - er Tasche
Genitiv	mein - es Koffers	mein - es Buches	mein - er Tasche
Plural			
Nominativ	mein - e Koffer	mein - e Bücher	mein - e Taschen
Akkusativ	mein - e Koffer	mein - e Bücher	mein - e Taschen
Dativ	mein - en Koffern	mein - en Büchern	mein - en Taschen
Genitiv	mein - er Koffer	mein - er Bücher	mein - er Taschen

Vergleichen Sie:

der --- ⎱ Koffer   das --- ⎱ Buch   die --- ⎱ Tasche
ein --- ⎰   ein --- ⎰   ein - e ⎰

10. Das Adjektiv

10.1 Prädikativer Gebrauch – attributiver Gebrauch → 11B4

	prädikativ	attributiv
Der Mantel	ist schön-.	ein schön-er Mantel.
Das Kleid		ein schön-es Kleid.
Die Hose		eine schön-e Hose.
Die Mäntel	sind schön-.	Mäntel.
Die Kleider		schön-e Kleider.
Die Hosen		Hosen.

→ ENDUNG

10.2 Deklination → 11B3

10.2.1 Variante A: Bestimmter Artikel + Adjektiv + Substantiv

	maskulinum	neutrum	femininum
Singular			
Nominativ	der blau-e Mantel	das rot-e Kleid	die grün-e Hose
Akkusativ	den blau-en Mantel	das rot-e Kleid	die grün-e Hose
Dativ	dem blau-en Mantel	dem rot-en Kleid	der grün-en Hose
Genitiv	des blau-en Mantels	des rot-en Kleides	der grün-en Hose
Plural			
Nominativ	die blau-en Mäntel	die rot-en Kleider	die grün-en Hosen
Akkusativ	die blau-en Mäntel	die rot-en Kleider	die grün-en Hosen
Dativ	den blau-en Mänteln	den rot-en Kleidern	den grün-en Hosen
Genitiv	der blau-en Mäntel	der rot-en Kleider	der grün-en Hosen

Genauso: Bestimmter Artikel + Adjektiv

10.2.2 Variante B: Unbestimmter Artikel + Adjektiv + Substantiv

	maskulinum	neutrum	femininum
Singular			
Nominativ	ein blau-er Mantel	ein rot-es Kleid	eine grün-e Hose
Akkusativ	einen blau-en Mantel	ein rot-es Kleid	eine grün-e Hose
Dativ	einem blau-en Mantel	einem rot-en Kleid	einer grün-en Hose
Genitiv	eines blau-en Mantels	eines rot-en Kleides	einer grün-en Hose
Plural			
Nominativ	-- blau-e Mäntel	-- rot-e Kleider	-- grün-e Hosen
Akkusativ	-- blau-e Mäntel	-- rot-e Kleider	-- grün-e Hosen
Dativ	-- blau-en Mänteln	-- rot-en Kleidern	-- grün-en Hosen
Genitiv	-- blau-er Mäntel	-- rot-er Kleider	-- grün-er Hosen

Genauso: Unbestimmter Artikel + Adjektiv

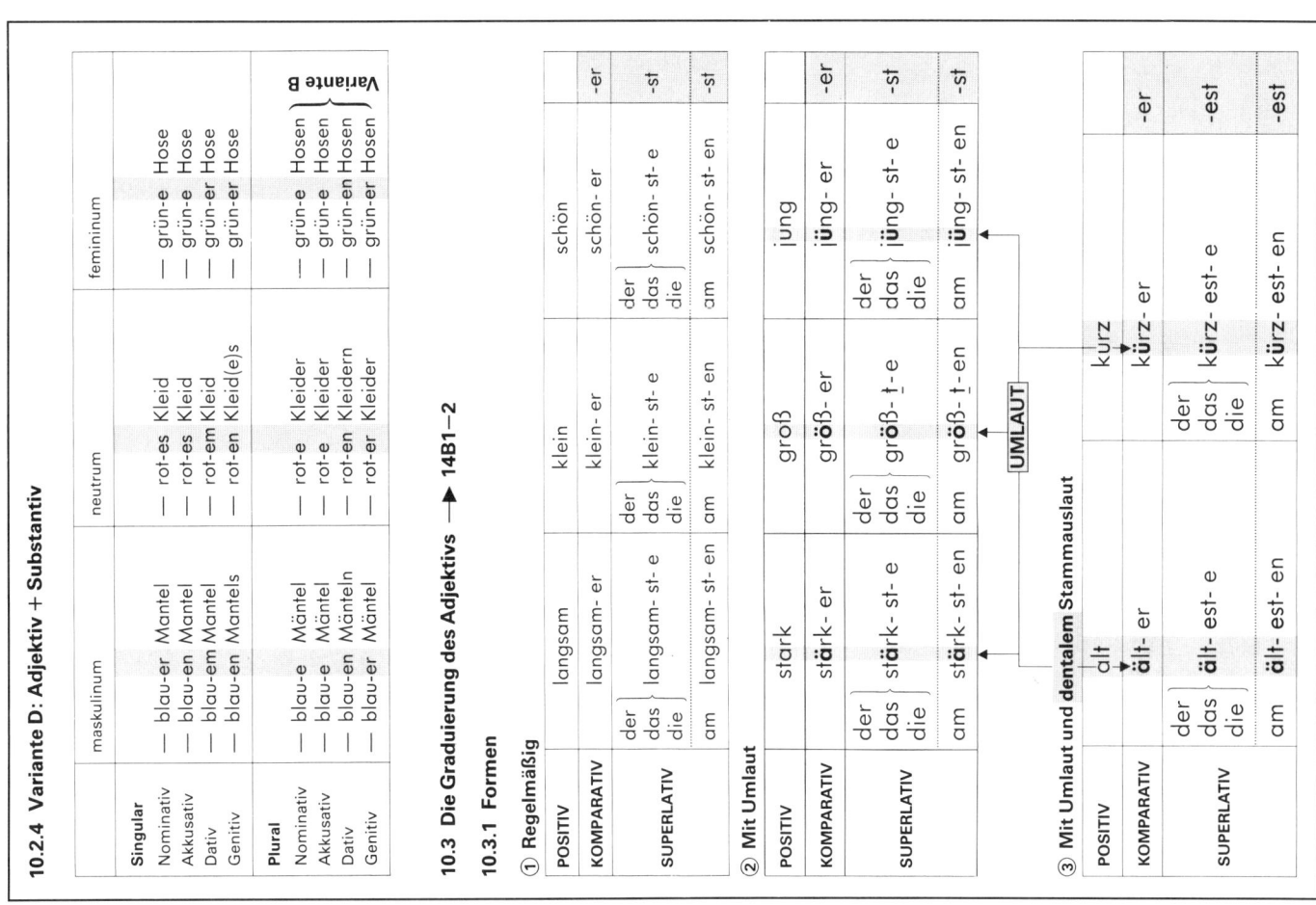

④ Unregelmäßig

POSITIV	gut	viel	gern(e)
KOMPARATIV	besser	mehr	lieber
SUPERLATIV	der/das/die beste	der/das/die meiste	der/das/die liebste
	am besten	am meisten	am liebsten

10.3.2 Gebrauch

Der Vergleich (1)

1. Rocka hat (genau)so große Füße wie Rocko.
   Sie hat einen (genau)so großen Pokal wie er.

2. Rocko ist (genau)so blau wie Rocka.
   Er ist (genau)so schön wie sie.

3. Rocka kann (genau)so schön singen wie Rocko.
   Sie freut sich (genau)so sehr wie er.

   .....(genau)so POSITIV ⟶ wie......

Der Vergleich (2)

1. Die Bundesrepublik hat mehr Einwohner als die DDR.
   Die Schweiz hat weniger Einwohner als Österreich.

2. Österreich ist größer als die Schweiz.
   Die DDR ist kleiner als die Bundesrepublik.

3. In der Schweiz wächst die Bevölkerung schneller als in der DDR.
   In der DDR wächst die Bevölkerung langsamer als in Österreich.

   ..... KOMPARATIV ⟶ als......

Der Vergleich (3)

1. Rocka ist das schönste Mädchen (von allen).
   das allerschönste Mädchen.
   Sie hat die längste Nase (von allen).
   die allerlängste Nase.

2. Rocka ist die schönste (von allen).
   die allerschönste.
   am schönsten.
   am allerschönsten.

3. Rocko kann am längsten (von allen) nichts tun.
   am allerlängsten nichts tun.

   SUPERLATIV

Der Vergleich (4): Besonderheiten

1. Wer hat die bessere Figur (von den beiden)?
   Mir gefällt die jüngere besonders gut.

   KOMPARATIV (ohne „als")

2. Der Mann ist (viel) zu dick.
   Er hat einen (viel) zu dicken Kopf.
   zu POSITIV

3. junge Menschen: circa 15–30 Jahre
   jüngere Menschen (= ziemlich junge Menschen): ca. 30–45 Jahre
   ältere Menschen (= ziemlich alte Menschen): ca. 45–65 Jahre
   alte Menschen: circa 65–X Jahre

   KOMPARATIV (ohne „als")

11. Attribute

11.1 Attribute zum Substantiv → 21B4

11.1.1

.....	den schmalen	Flur .....
.....	die verwüsteten	Zimmer .....
.....	jede vierte	Woche .....
.....	soviel angenehme	Sachen, die wir früher gar nicht kannten .....
.....	diese	Frau, die ihr da entgegensah, ...
.....	eine	Frau, undefinierbaren Alters, nicht mehr jung, aber auch nicht alt .....
.....	die ersten	Jahre ihrer Ehe .....
.....	das	Kätzchen aus Kopenhagener Porzellan .....
.....	auf ihren	Streifzügen durch die Stadt .....
.....	der junge	Mann links .....
.....	ein kleiner	Teil davon .....

ADJEKTIV	SUBSTANTIV	PRÄPOSITIONALPHRASE
PARTIZIP		RELATIVSATZ
INDEFINITPRON. + ORDINALZAHL		GENITIVATTRIBUT
ZAHLWORT + ADJEKTIV		VERKÜRZTER NEBENSATZ
DEMONSTRATIVPRONOMEN		ADVERB
POSSESSIVPRONOMEN		PRONOMINALADVERB

11.1.2

Die ..... Tätigkeiten ..... verlangen ..... Geschick und ..... planerische ..... Intelligenz

..... sind: Materialkenntnis, ..., erhebliches organisatorisches Geschick, ...

die Mädchen und Frauen während einer ..... Ausbildung eintrainiert werden

..... Fähigkeiten .....

durchschnittlich 20 Jahre dauernden

die meisten zur Hausarbeit gehörigen

11.2 Mehrfach subordinierte Attribute → 22B4

Acht Monate nach dem Patt bei der Landtagswahl im September vorigen Jahres ...
... nach dem Patt bei der Landtagswahl im September vorigen Jahres ...
... bei der Landtagswahl im September vorigen Jahres ...
... im September vorigen Jahres ...
..... vorigen Jahres ...

Acht Monate nach dem Patt bei der Landtagswahl im September vorigen Jahres in Schleswig-Holstein am Sonntag wieder ein neues Landesparlament gewählt.

12. Präpositionen → 7B3–5, 8B5

12.1 Präpositionen mit dem Akkusativ

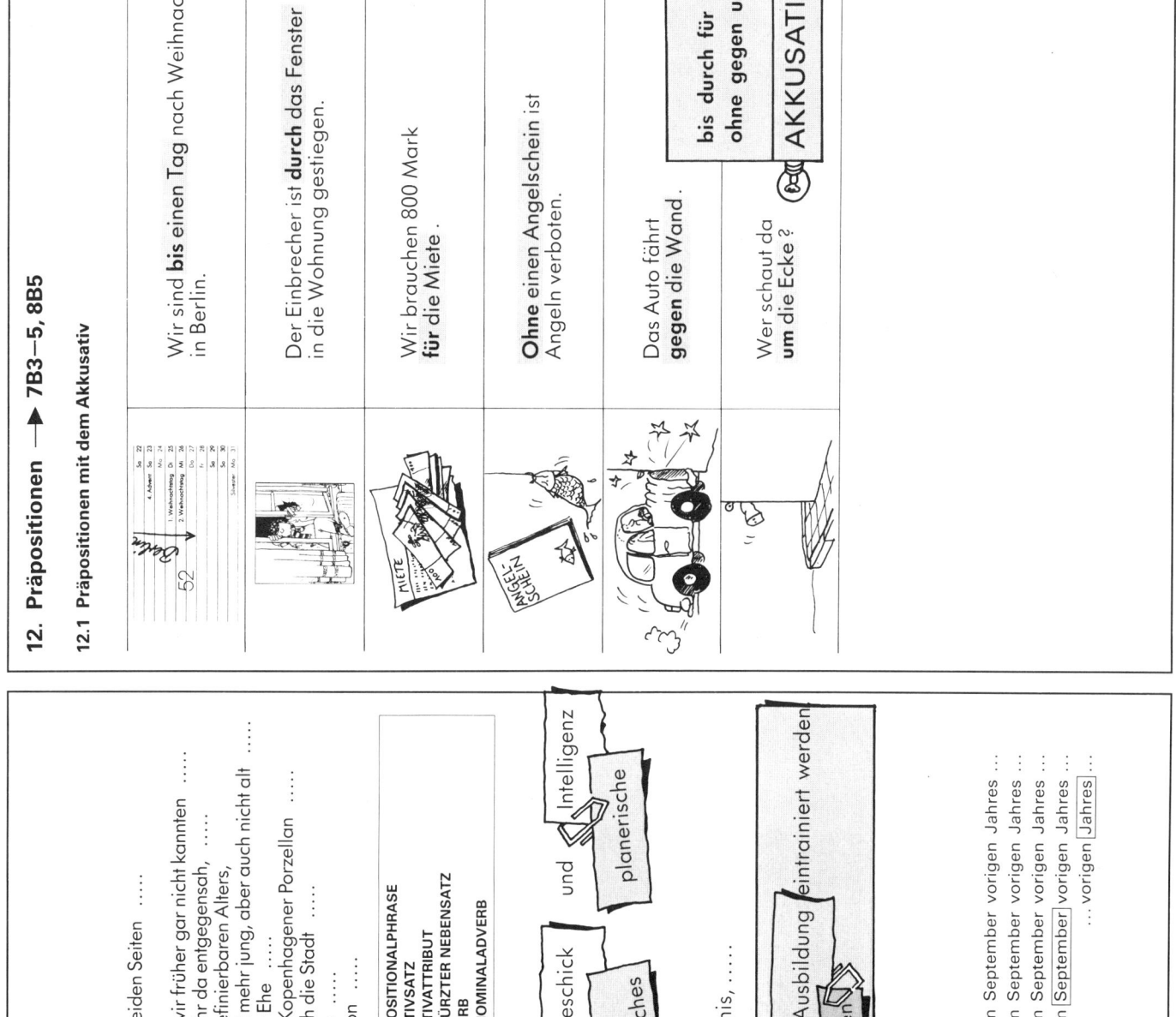

Wir sind **bis** einen Tag nach Weihnachten in Berlin.

Der Einbrecher ist **durch** das Fenster in die Wohnung gestiegen.

Wir brauchen 800 Mark **für** die Miete.

Ohne einen Angelschein ist Angeln verboten.

Das Auto fährt **gegen** die Wand.

Wer schaut da **um** die Ecke?

bis durch für
ohne gegen um

AKKUSATIV

12.3 Wechselpräpositionen

Wo ist/steht das Essen?

Das Essen ist/steht .....

..... **im** (= **in dem**) Topf.
..... **an der** Wand.
..... **auf dem** Tisch.
..... **unter der** Bank.
..... **vor dem** Mann.
..... **hinter der** Tür.
..... **neben dem** Bett.
..... **zwischen den** Büchern.

DATIV

in an auf über
unter vor hinter
neben zwischen

Wohin tut/stellt sie das Essen?

Sie tut/stellt das Essen .....

..... in **den** Topf.
..... an **die** Wand.
..... auf **den** Tisch.
..... unter **die** Bank.
..... vor **den** Mann.
..... hinter **die** Tür.
..... neben **das** Bett.
..... zwischen **die** Bücher.

in an auf über
unter vor hinter
neben zwischen

AKKUSATIV

12.2 Präpositionen mit dem Dativ

Mustafa kommt **aus der** Türkei.

Er war **beim** (= **bei dem**) Arzt.

Der Supermarkt liegt **gegenüber dem** Rathaus.

Fährst du **mit uns** nach Italien?
Wir fahren **mit dem** Auto.

Der Tannenbaum ist **mit** Kerzen geschmückt.

Er ist **nach dem** Frühstück in die Stadt gefahren.

Er sucht seinen Ring schon **seit einer** Stunde.

Er kommt **vom** (= **von** dem) Arzt.

Die Ferien dauern **vom** achtzehnten Juni .....
..... bis **zum** dritten August.

Der Fuchs läuft **zum** (= **zu dem**) Raben.

DATIV

aus bei gegenüber mit nach seit von zu

13. Personalpronomen und Possessivpronomen

13.1 Das Personalpronomen → 8B1

1a) Ist dieser Brief für Sie? –
 Nein, der ist nicht für mich.
 b) Ist er vielleicht für Herrn P.? –
 Nein, für ihn nicht.
 Oder für Frau Henschel? –
 Nein, für sie auch nicht.
2a) Sind die Bücher für uns? –
 Ja, für euch. – Danke.
 b) Sind diese Geschenke für die
 Kinder? – Ja, die sind für sie.

	Nominativ	Akkusativ	Dativ
Singular			
1. Person	ich	mich	mir
2. Person	du	dich	dir
	Sie	Sie	Ihnen
3. Person	er	ihn	ihm
	sie	sie	ihr
	es	es	ihm
Plural			
1. Person	wir	uns	uns
2. Person	ihr	euch	euch
	Sie	Sie	Ihnen
3. Person	sie	sie	ihnen
	Wer?	**Wen?**	**Wem?**

13.2 Das Possessivpronomen → 8B2

3a) Gehört der Koffer Ihnen? –
 Nein, mir nicht.
 b) Wem gehört der Koffer denn? –
 Da, ihm!
4a) Gehört euch die Tasche? –
 Nein, uns nicht.
 b) Vielleicht dem Mann und der
 Frau da drüben? –
 Nein, ihnen auch nicht.

Personal-pronomen	Possessivpronomen + Substantiv		
	maskulinum	neutrum	femininum
ich	mein - -Koffer	mein - -Buch	mein - -e Tasche
du	dein - -Koffer	dein - -Buch	dein - -e Tasche
Sie	Ihr - -Koffer	Ihr - -Buch	Ihr - -e Tasche
er	sein - -Koffer	sein - -Buch	sein - -e Tasche
sie	ihr - -Koffer	ihr - -Buch	ihr - -e Tasche
es	sein - -Koffer	sein - -Buch	sein - -e Tasche
wir	unser - -Koffer	unser - -Buch	uns(e)r - -e Tasche
ihr	euer - -Koffer	euer - -Buch	eu(e)r - -e Tasche
Sie	Ihr - -Koffer	Ihr - -Buch	Ihr - -e Tasche
sie	ihr - -Koffer	ihr - -Buch	ihr - -e Tasche
Vergleichen Sie:	ein - -Koffer	ein - -Buch	ein - -e Tasche

14. Wortbildung

14.1 Substantive

14.1.1 Substantive aus SUBSTANTIV + SUBSTANTIV

a) Bestimmungswort (+/s/) + Grundwort → 16B3, 21B5

der	Tennis/platz...	...ist ein Platz, auf dem Tennis gespielt wird.
die	Radio/reportage...	...ist eine Reportage, die man im Radio hören kann.
das	Motor/rad...	...ist ein (Fahr-)Rad mit Motor.
die	Freiheit/s/strafe...	...ist eine Strafe, bei der man seine Freiheit verliert.
der	Zeitung/s/artikel...	...ist ein Artikel (Bericht) in einer Zeitung.
das	Nahrung/s/mittel...	...ist ein „Mittel" für die Ernährung.

BESTIM-MUNGSWORT (s) / GRUND-WORT

Genus (Artikel) des Grundworts
= Genus (Artikel) des ganzen Worts

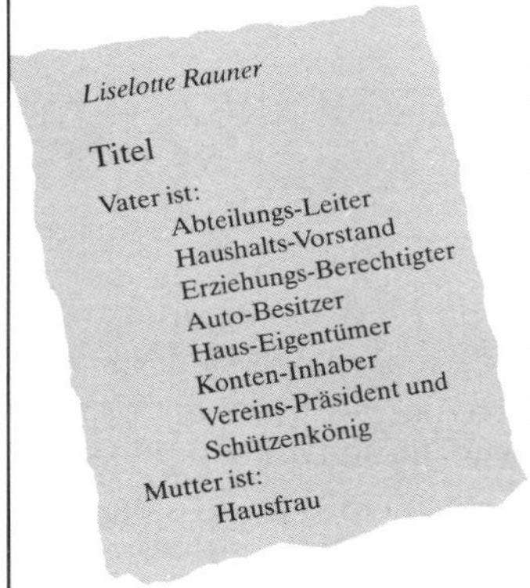

Abteilung/s/-Leiter — *Abteilungsleiter:* der Leiter der/einer Abteilung
Haushalt/s/-Vorstand — *Haushaltsvorstand:* der Vorstand des/eines Haushalts
Erziehung/s/-Berechtigter — *Erziehungsberechtigter:* jemand, der die „elterliche Gewalt ausübt"
Verein/s/-Präsident — *Vereinspräsident:* der Präsident des/eines Vereins
Auto/Ø/-Besitzer — *Autobesitzer:* der Besitzer des/eines Autos
Haus/Ø/-Eigentümer — *Hauseigentümer:* der Eigentümer des/eines Hauses
Schützen-König — *Schützenkönig:* der König der Schützen
Konten-Inhaber } Plural — *(Kontoinhaber:* der Inhaber des/eines Kontos bei der Bank) *Konteninhaber:* der Inhaber von zwei oder mehr Konten

Liselotte Rauner
Titel
Vater ist:
Abteilungs-Leiter
Haushalts-Vorstand
Erziehungs-Berechtigter
Auto-Besitzer
Haus-Eigentümer
Konten-Inhaber
Vereins-Präsident
Schützenkönig
Mutter ist:
Hausfrau

b) Das Fugen-/s/ in Komposita aus SUBSTANTIV + SUBSTANTIV → 21B5

Regel 1
Wenn das erste Substantiv in einem Kompositum auf *-ung* endet, folgt diesem in der „Fuge" zum zweiten Substantiv immer ein *s-*.
Beispiele: Abteilungsleiter, Erziehungsberechtigter

Dieselbe Regel gilt auch für Substantive auf *-heit* (Freiheitsraum), *-ion* (Dokumentationszentrum), *-ität* (Qualitätsware), *-keit* (Höflichkeitsformel), *-ling* (Lieblingssportler), *-schaft* (Eigenschaftswort), *-tum* (Eigentumswohnung).

⚠ Diese einfache und sichere Regel gilt für fast alle *femininen* Substantive.
Bei *Maskulina* und *Neutra* dagegen sollten Sie im Wörterbuch nachschlagen!

Regel 2
Wie alle Komposita mit *Haus-* (das schon mit einem *-s* endet!) haben auch andere Substantive, die auf *-s* enden, keinen Platz für ein Fugen-/s/.
Beispiele: Gas(pedal), Glas(teller), Gras(halm), Kreis(verkehr), Preis(liste)
Genauso: Fuß(ball), Fluß(bett), Platz(karte)

14.1.2 Substantive aus ADJEKTIV + -heit/-keit → 16B3

die Schön/heit
die Krank/heit

ADJEKTIV/heit

die Flüss*ig*/keit
die Mög*lich*/keit
die Ungerecht*ig*/keit

ADJEKTIV (ig / lich) keit

femininum die/eine -heit / -keit

14.1.3 Substantive aus VERB + -ung → 16B3

die Werb/ung
die Kleid/ung
die Entfern/ung
die Erfrisch/ung
die Bestraf/ung

VERB/ung

femininum die/eine -ung

14.1.4 Substantive aus VERB + -er → 16B3

der Zuschau/er
der Spiel/er
der Erzieh/er
der Verkäuf/er

VERB/er

maskulinum der/ein -er

14.1.5 Substantive aus SUBSTANTIV + -in → 16B3

die Zuschauer/in
die Spieler/in
die Erzieher/in
die Verkäufer/in
die König/in

SUBSTANTIV/in

femininum die/eine -in

14.2 Adjektive

14.2.1 Adjektive aus SUBSTANTIV + -lich/-ig bzw. + -los/-frei/-reich/-voll → 16B4

natür/lich
gefähr/lich
beruf/lich
} SUBSTANTIV/lich

gift/ig
lust/ig
} SUBSTANTIV/ig

geschmack/los = ohne Geschmack
unfall/frei = ohne Unfall
zahl/reiche = viele
phantasie/voll = mit (viel) Phantasie

SUBSTANTIV -los / -frei / -reich / -voll

14.2.2 Adjektive aus SUBSTANTIV + -artig → 22B7

Der CDU gaben die Hochrechnungen nach **erdrutschartigen** Verlusten nur noch 34,1 bis 36 Prozent.

= Verluste in der Art eines Erdrutsches
Verluste, die mit einem Erdrutsch zu vergleichen sind
Verluste, die einem Erdrutsch ähnlich sind

Ebenso: affenartig, katzenartig, orkanartig, panikartig, schlangenartig

14.2.3 Adjektive aus un- + ADJEKTIV/PARTIZIP → 16B4, 22B8

freundlich ↔ un/freundlich
kultiviert ↔ un/kultiviert
gemütlich ↔ un/gemütlich

gebügelt ↔ un/gebügelt
bekannt ↔ un/bekannt
tolerant ↔ **in**/tolerant △

un- = „nicht/ohne"

– Politiker sind **un**aufrichtig. (= nicht aufrichtig)
– Der Ministerpräsident benutzte **un**saubere Methoden.
– Die Mehrheitsverhältnisse hatten den Landtag praktisch handlungs**un**fähig gemacht.

14.3 Mehrfache Derivation → 16B5

ADJEKTIV	→ VERB	→ SUBSTANTIV
frisch	er/frisch/en	die Erfrisch/ung
fern	ent/fern/en	die Entfern/ung
größer	ver/größer/n	die Vergrößer/ung
besser	ver/besser/n	die Verbesser/ung

14.1.6 Substantive aus VERB-Wortstamm + SUBSTANTIV → 17B11–16

kochen → **Koch**- → Kochversuch
stören → **Stör**- → Störversuch
erklären → **Erklär**/ung/s/- → Erklärungsversuch

[versuchen ▸] Versuch

mit **Atom**waffen → Atom- → Atomversuch
im **Labor** → Labor- → Laborversuch
an/mit **Tieren** → Tier- → Tierversuch

Ebenso: Spielraum, Kühlschrank

---

arbeiten → **Arbeit**/s/- → = Raum zum Arbeiten
baden → **Bade**-
essen → **Eß**-
schlafen → **Schlaf**-
spielen → **Spiel**-
studieren → **Studier**-
wohnen → **Wohn**-

Zimmer

für **Fremde** → Fremde/n/- = Zimmer für „Fremde" (Gäste) in einer Pension/Wohnung
für **Gäste** → Gäste- = Zimmer für Gäste in einer Privatwohnung
im **Hotel** → Hotel- = Zimmer (für Gäste) in einem Hotel

Ebenso: Hausschlüssel, Rockmusik

15. Wortfamilien

15.1 Die Wortfamilie -ARBEIT- → 20B7

	Arbeit	
		-geber
		-nehmer
Kurz-		-/s/amt
Auftrag /s/		-/s/anzug
		-/s/kreis
		-/s/markt
		-/s/platz
		-/s/zimmer

	arbeiten	
be-		
ver-		

	Arbeit	
Fach-		-er(in)
Mit-		
Hilf/s/-		

	arbeit	
(Daten)Ver-		-ung

15.2 Die Wortfamilie -GROSS-/-GRÖSS-

Adjektiv → Substantiv

	groß	
-artig		
-herzig		
-jährig		
-zügig		

	Groß	
		-artigkeit
		-herzigkeit
		-jährigkeit
		-zügigkeit

Adjektiv → Substantiv

	groß	
-elterlich		
mächtig		
mäulig		
mütterlich		
räumig		
städtisch		
väterlich		

	Groß	
		-eltern
		-enkel(in)
		-handel(skaufmann)
		-hirn
		-macht
		-maul
		-mutter
		-raum(wagen)
		-stadt(verkehr)
		-vater

	Größe	
		-/n/ordnung
		-/n/wahn

15.3 Die Wortfamilie -GEH-/-GANG-/-GÄNG-

Verb → Substantiv → Substantiv/Adjektiv

Verb		**geh**			**gang**	
ab-			-en	Ab-		
auf-				Auf-		
aus-				Aus-		
durch-				Durch-		
fort-				Fort-		
heim-				Heim-		
mit-				– – –		
nach-				Nach-		
unter-				Unter-		
vor-				Vor-		
weiter-				– – –		
zu-				Zu-		
zurück-				Rück-		

	Gang	
		-art
		-schaltung

	gang		**gäng**	
Allein-				-er
Lehr-				
Jahr-				
Allein-				
Doppel-				
Fuß-				

	geh			**gäng**	
be-		-en	ver-		-lich
ent-			Ver-		-lichkeit
ver-					

15.4 Die Wortfamilie -LEB-

Adjektiv/Präfix/ Präposition	Verbstamm	Endung(en)
	leb	-en -end -endig -ensfähig -enswichtig -haft -los
kurz- lang- Kurz- Lang- (un)be- er- Er- über- zusammen-	leb	-ig -ig -igkeit -igkeit -t -en -nis -en -en

Substantiv(/s/)	Substantiviertes Verb	/s/ + Substantiv
Alltag/s/- Großstadt- Kultur- Musik- Seelen-	leben	-/s/abschnitt -/s/alter -/s/art -/s/bedingung(en) -/s/beschreibung -/s/erwartung -/s/form -/s/gemeinschaft -/s/jahr -/s/lauf -/s/raum -/s/unterhalt -/s/weise -/s/werk

16. Verwandtschaftsbezeichnungen → 18B3

die Großeltern

der Großvater · die Großmutter · der Großvater · die Großmutter

die Eltern

die Tante (die Schwester von Vater/Mutter)

der Onkel (der Bruder von Vater/Mutter)

der Vater · die Mutter

die Cousine (die Tochter des Onkels/ der Tante)

der Neffe

der Sohn

Kind

ich

die Tochter

die Nichte

der Cousin Vetter (der Sohn des Onkels/ der Tante)

der Bruder

die Schwester

17. Berufsbezeichnungen → 19B6

BäckER, Buchhändler(in), Fleischer/Metzger, Gärtner(in), Maurer, Schneider(in), Verkäufer(in), Zimmerer

HelfERIN: Apothekenhelferin, Ärzt~, Sprechstunden~

TechnIKER: Fernmeldetechniker(in), Fernseh~(in), Radio~(in), Zahn~(in);
ebenso: Kfz-Mechaniker(in), Chemiker(in), Elektriker(in), Informatiker(in), Kritiker(in), Mathematiker(in), Optiker(in), Politiker(in), Musiker(in), Physiker(in)

KaufFRAU/MANN: Bankkauffrau/mann, Büro~, Einzelhandels~, Großhandels~, Industrie~;

FachFRAU/MANN: Hotelfachfrau; Bürofachmann, Bankfachmann

BürofachKRAFT

KOCH/KÖCHIN

18. Sachgebiet/Wortfeld: Unterrichts- und Studienfächer → 19B7

①	Geograph**IE** Biolog**IE** Chem**IE**	Chemie, Biologie, Geographie	
		Archäologie, Biologie, Chemie, Geographie, Philosophie, Psychologie, Soziologie, Theologie	
②	Mus**IK**	Informatik, Mathematik, Musik, Physik	
		Elektronik, Informatik, Mathematik, Pädagogik, Physik; Musik(wissenschaft)	
③	Engl**ISCH**	Englisch, Französisch, Griechisch, Italienisch, Portugiesisch, Russisch, Serbokroatisch, Spanisch, Türkisch	
④	Erd**KUNDE**	Erdkunde, Heimatkunde, Sächkunde, Sozialkunde, Naturkunde	Völkerkunde, Volkskunde
⑤	Arbeits**LEHRE**	Arbeitslehre, Religionslehre, Wirtschaftslehre	Betriebswirtschaftslehre (BWL), Volkswirtschaftslehre (VWL)
⑥	Angl**ISTIK**		Anglistik, Germanistik, Hispanistik, Linguistik, Romanistik, Slawistik, Publizistik (Zeitungswissenschaft)
⑦	Rechts**WISSEN-SCHAFT**		Literaturwissenschaft, Musikwissenschaft (Musikologie), Politikwissenschaft (Politologie), Rechts- und Staatswissenschaft (Jura), Sozialwissenschaft (Soziologie), Sprachwissenschaft (Linguistik), Theaterwissenschaft(en), Wirtschaftswissenschaft(en), Zeitungswissenschaft (Publizistik)
⑧		Deutsch, Geschichte, Künstzerziehung, Latein, Religion, Sport	Geschichte, Kunstgeschichte, Sport
	Wortbildung	Schule	Hochschule/Universität

19. Zeitangaben → 23B5

19.1 Zeitpunkte: *wann?*

1. Die Deutsche Presse-Agentur (dpa) hatte [am 8. März 1988] einen Bericht über die „Reiseanalyse 1987" herausgegeben.
2. [Am folgenden] Tag verarbeiteten fast alle deutschen Tageszeitungen diese dpa-Meldung in Artikeln.
3. Plane deine Ausgaben, [bevor] du reist.

Variante 1
1.a. [Am 9. März 1988] berichteten fast alle deutschen Tageszeitungen über die „Reiseanalyse 1987"
2.a. Diese Analyse hatte dpa [am Vortag] / [einen Tag vorher/zuvor] herausgegeben.
3.a. Plane deine Ausgaben vor (Antritt/Beginn) der Reise.

Variante 2
1.b. [Nachdem] dpa [am 8. März 1988] über die „Reiseanalyse 1987" berichtet hatte, erschienen [einen Tag danach/später] / [am folgenden/nächsten Tag] in fast allen deutschen Tageszeitungen Artikel zu diesem Thema.

19.2 Zeitraum: *wann?*

4. [Im vergangenen Jahr] waren mit 31,1 Mio. Bundesbürgern über 3,5 Mio. mehr auf Ferientour als [im Jahr zuvor].
5. [Im vergangenen Jahr] war Italien vor Spanien das begehrteste Urlaubsland.
6. Die Befragung ergab auch, daß [im Januar 1988] das Interesse der Bundesbürger an Urlaubsreisen [im laufenden Jahr] (im Vergleich [zum Vorjahreszeitraum]) leicht gestiegen sei.

Varianten
4.a. [Im letzten/vorigen Jahr] waren mit 31,1 Mio. Bundesbürgern über 3,5 Mio. mehr auf Ferientour als [im Jahr davor] / [im vorletzten Jahr].
5.a. [Letztes/voriges Jahr] war Italien vor Spanien das begehrteste Urlaubsland.

19.3 Zeitspanne: *von wann bis wann?*

7. Die Zahl der Touristen ist [zwischen 1950] [und 1982] von 25 Millionen auf rund 3 Milliarden Reisende gestiegen.

Variante
7.a. Die Zahl der Touristen ist [von 1950 bis 1982] von 25 Millionen auf rund 3 Milliarden Reisende gestiegen.

19.4 Häufigkeitsangaben: *wie oft?*

8. Immer mehr Leute leisten es sich auch, [mehrmals im Jahr] zu verreisen.
9. 3,8 Millionen Bundesbürger verreisten [zweimal], 1,4 Millionen sogar [dreimal], heißt es in der Analyse.
10. Besuche diese Örtlichkeiten des Frohsinns [täglich] und möglichst in kurzer Hose.
11. Vergiß [nie] die Hauptregel jeder gesunden Reise: Ärgere dich!

Varianten
8/9.a. Immer mehr Leute leisten es sich auch, [jährlich zweimal/dreimal/mehrmals] zu verreisen.

Lösungsschlüssel zu den 🗝-Übungen und Tests

17A1 Ü2 1. der Abend 2. früher 3. früher, der Abend 4. früher 5. der Abend 6. später 7. früher 8. früher 9. der Abend

17A2 Ü3 1. Stefanie 2. keine(r) 3. Eckehard 4. Eckehard 5. Eckehard 6. Eckehard 7. keine(r) 8. keine(r) 9. Eckehard 10. Eckehard

17B1—2 Ü1 1. a) gebaut b) gebaut worden; 2. a) geschält b) geschält worden; 3. a) gestohlen b) gestohlen worden; 4. a) gebohnert worden b) gebohnert; 5. a) gewaschen worden b) gewaschen ist; 6. a) gesperrt worden b) gesperrt

17B3—7 Ü2 1. schießender 2. gebautes 3. strömenden 4. geliebten 5. zuschauenden 6. reitende 7. fließenden 8. sitzend 9. aufgetauchte 10. reißendes 11. lachenden 12. verfluchten

17B8—10 Ü3 2. sagen würdet - kämen; 3. würde - kaufen - bezahlen könnte; 4. wüßte - würde - glauben; 5. kommen/bezahlen - könnte

17B11—16 Ü5 1./2.
der Schnéehaufen — die Súchmannschaft
der Schnee — die Suche / suchen
der Haufen — die Mannschaft

der Polizéisprecher — der Lahn-Díll-Kreis
die Polizei — die Lahn / die Dill
der Sprecher — der Kreis

das Náchbarhaus — der Héimweg
der Nachbar — das Heim / heim
das Haus — der Weg

der Súchtrupp — der Féuerwehrmann
die Suche / suchen — die Feuerwehr
der Trupp — der Mann

3. der Hausnachbar ist möglich.

18A2 Ü4 1. R 2. F 3. F 4. R 5. F 6. R 7. R 8. F 9. R 10. F

Ü5 1. geheiratet 2. gewohnt 3. gewollt 4. studiert 5. entschieden 6. bekommen 7. gefreut 8. eingestellt 9. gemacht 10. gewußt 11. gewesen

Ü6 Text ① stimmt mit dem Inhalt des Interviews überein.

18A3 Ü12 a) 1. 1 - D, 2 - C, 3 - A, 4 - B.
2. Artikel/Pronomen: de, se, - die, sie
Kasusendungen: mit deine Hände - mit deinen Händen - bei jroßen Schkandal - bei großem Skandal
Verkürzte Endungen: rübajeschobm - rübergeschoben
pp statt pf: Kopp - Kopf

18A4—5 Ü13 1. (1) Der (2) die (3) Der/Ein (4) eines (5) Einige (6) ihm (7) das (8) seine (9) anderen (10) dem (11) Die (12) seinem (13) den (14) ihnen (15) der (16) die (17) es (18) mein (19) einem (20) die (21) der (22) eine (23) ihrem (24) den (25) sie (26) eine (27) anderen (28) der (29) das (30) einem

Ü14 (1) einem (2) der (3) das (4) sie (5) seinem/dem (6) sie (7) Schwester (8) er (9) meinem/dem (10) ersten (11) Bruder (12) die (13) die (14) dem (15) es (16) das/ein (17) das (18) sie (19) dort/da (20) die (21) ein (22) ein (23) die (24) Füchse (25) Sie (26) sie (27) mir (28) die (29) keine (30) einen

18B2 Ü1 1. daß 2. Daß 3. ob/wann/warum 4. wann/ob/wo 5. wo/wann/ob 6. ob/warum 7. wann 8. ob 9. wann, wo 10. ob 11. daß/wann 12. was/wieviel 13. ob/daß 14. daß 15. daß

19A1 Ü2 a) 1 (A), 2 (C), 3 (D), 4 (B)

19A2 Ü5 Bilderfolge (B)

19A4 Ü7 Skizze (C)

19A5 Ü8 1. Zeile 26 - 28; 2. Zl. 45 - 48; 3. Überschrift, Zl. 6; 4. Zl. 20 - 23; 5. Zl. 48 - 54; 6. Zl. 71 - 72 (75); 7. Zl. 38 - 39; 8. Zl. 18 - 20; 9. Zl. 57 - 62; 10. Zl. 67 - 70

19A6 Ü10 1. R 2. F 3. R 4. F 5. R 6. R 7. F 8. R 9. F

19A7 Ü13 1. Ja 2. Nein 3. Ja 4. Ja 5. Nein 6. Nein 7. Nein 8. Ja 9. Nein 10. Nein 11. Ja 12. Nein 13. Nein 14. Ja

19A8 Ü15 1. + 2. + 3. + 4. - 5. - 6. + 7. + 8. - 9. -

19B4 Ü1 1. a) Mein Vater hat ihm eine Kiste Zigarren geschenkt.
b) Mein Vater hat sie ihm geschenkt.
2. a) Ich habe ihnen das Wohnzimmer tapeziert.
b) Ich habe es ihnen tapeziert.
3. a) Anne G. hat ihr eine schöne Kette gekauft.
b) Anne G. hat sie ihr gekauft.
4. a) Das Mädchen hat ihm einen Ring gegeben.
b) Das Mädchen hat ihn ihm gegeben.
5. a) Hast du ihr das Geld schon zurückgegeben?
b) Hast du es ihr schon zurückgegeben?

19B5 Ü2 1. a) Ich kann heute leider nicht kommen.
b) Leider kann ich heute nicht kommen.
c) Heute kann ich leider nicht kommen.
...
2. a) Er kann uns morgen vielleicht helfen.
b) Vielleicht kann er uns morgen helfen.
c) Morgen kann er uns vielleicht helfen.
...
3. a) Der Arzt hat mir ab sofort das Rauchen verboten.
b) Ab sofort hat der Arzt mir das Rauchen verboten.
c) Das Rauchen hat mir der Arzt ab sofort verboten.
...
4. a) Johann hat seiner Freundin gestern einen Brief geschrieben.
b) Gestern hat Johann seiner Freundin einen Brief geschrieben.
c) Seiner Freundin hat Johann gestern einen Brief geschrieben.
...
5. a) Im Februar werden wir nach Köln umziehen.
b) Wir werden im Februar nach Köln umziehen.
c) Umziehen nach Köln werden wir im Februar.
...

19B6 Ü3 1. Bäcker 2. Arzthelferin 3. Buchhändler(in) 4. Betriebsleiter(in) 5. Bankkauffrau/-mann 6. Schneider(in) 7. Lehrer(in) 8. Krankenpfleger(in), Krankenschwester 9. Kfz-Mechaniker(in) 10. Lebensmittelverkäufer(in) 11. Rattenfänger(in)

20A1 Ü1 1C - 2E - 3B - 4F - 5H - 6G - 7A - 8D

Ü2 Zuerst hat Gerlinde Geffers das Abitur gemacht. 2. Dann hat sie an einer Pädagogischen Hochschule studiert. 3. Danach hat sie beim Fernsehen gearbeitet. 4. Dann/Danach hat sie anderthalb Jahre in der Schule unterrichtet. 5. Dann gab es / Es gab dann für sie keine feste Stelle in ihrem Beruf als Lehrerin. 6. Dann/Danach hat sie ein Jahr lang für eine Alternativzeitung gearbeitet. 7. Schließlich hat sie in Italien Deutsch unterrichtet. 8. Und jetzt arbeitet sie bei einem privaten Rundfunksender in Hannover.

Ü4 1. Stimmt nicht 2. Stimmt nicht 3. Stimmt 4. Stimmt 5. Stimmt 6. Stimmt 7. Stimmt nicht 8. Stimmt

Ü5 1. Werbung 2. Nachteil 3. Hörer, Gebühren 4. begrenzt 5. technische 6. Mitarbeiter 7. Rücksicht 8. abhängig 9. Einfluß 10. längere

Ü6 1. liest, auffällt, macht 2. gibt, wird, machen 3. wählt 4. kann, wendet 5. losgeht, informiert 6. überlegt, sind 7. spricht, verstehen 8. nimmt, hört, schneidet 9. baut ... auf

20A4 Ü9 1. Texte ③ und ④ 2. Text ① 3. Text ① 4. Text ② 5. Text ④ 6. Text ②

20A6 Ü12 1. c), 2. c), 3. a), 4. b), 5. c) 6. c)

20B1 Ü1 1. mit 2. an 3. mit, mit 4. zu 5. mit 6. vor 7. von 8. nach 9. mit 10. um

20B2–4 Ü2 1. "Ein dreiwöchiges Praktikum in einem Frisiersalon hat mir gereicht." 2. "Es liegt mir nicht, anderen Leuten die Haare zu waschen; ich will etwas leisten." 3. "Nach unbefriedigenden Erfahrungen mit dem Arbeitsamt bin ich selbst aktiv geworden." 4. "Ich habe mir zwölf Adressen aus dem Telefonbuch herausgesucht." 5. "Ich habe keine Probleme mit meinen männlichen Kollegen gehabt." 6. "Ich weiß aus Erfahrung, daß ich mit Jungens besser zurechtkomme als mit Frauen." 7. "Wenn die Muskelkraft mal fehlt und keine Maschine zur Hand geht, helfen die Männer."

17–20T Zwischentest

SCHRIFTLICHE PRÜFUNG

Test 1: Leseverstehen

1. d), 2. a), 3. a), 4. b), 5. d)

Test 2: Schriftlicher Ausdruck (Brief):

Ihr Brief sollte formal so aussehen:

(Ihre Wohnung), (Tag).(Monat).19..(Jahr)

Liebe/Lieber (Vorname des Brieffreundes / der Brieffreundin),

vielen Dank für Deinen Brief ...
(Brieftext)

Herzliche Grüße
Dein (Ihr Vorname)

Test 3: Hörverstehen

Abschnitt ⑤ des Interviews: 12. gehört, 13. nicht gehört, 14. gehört, 15. nicht gehört, 16. nicht gehört; Abschnitt ⑥ des Interviews: 17. gehört, 18. nicht gehört, 19. gehört, 20. gehört, 21. nicht gehört

Test 4: Strukturen/Wortschatz

22. a), 23. c), 24. c), 25. b), 26. c), 27. b), 28. a), 29. c), 30. b), 31. d), 32. c), 33. b), 34. a), 35. d), 36. a), 37. c), 38. c), 39. b), 40. a), 41. d), 42. b), 43. d), 44. c), 45. d), 46. b), 47. c), 48. d), 49. b).

MÜNDLICHE PRÜFUNG

Test 1: Kommunikation in Alltagssituationen

Mögliche Antworten:
1. Bitte, gibt es hier in der Umgebung/Nähe eine Bank? / Können Sie mir sagen, ob es ... gibt? Können Sie mir auch den Weg zur Bank sagen? Wie komme ich am besten dorthin? Zu Fuß? Oder besser mit dem Bus oder mit der Straßenbahn? ... Danke.

2. Ich habe auf der Straße diesen Geldbeutel gefunden. Den möchte ich abgeben. Wie geht es nun weiter? Was passiert, wenn sich keiner / der Besitzer nicht meldet? Bekomme dann ich das Geld? ... Danke.

3. Zum Bahnhof, bitte. Aber fahren Sie bitte schnell! Ich bin leider etwas spät dran / verspätet / in Eile, mein Zug fährt schon in einer halben Stunde. ...

4. Ich fahre nach München. Dort habe ich ein geschäftliches Gespräch mit Mitarbeitern einer großen Industriefirma. ...

Test 2: Gelenktes Gespräch

Bitte sprechen Sie diesen Test mit Ihrem Lehrer / Ihrer Lehrerin.

21A2 Ü3 1. falsch: Zl. 1-3, 79-80; 2. falsch: Zl. 9-11, 47-50; 3. richtig: Zl. 24-33; 4. falsch: Zl. 46-53; 5. richtig: Zl. 62-71; 6. richtig: Zl. 9-13, 47-49; 7. richtig: Zl. 2, 79; 8. richtig: Zl. 1-2, 25-26; 9. falsch: Zl. 17-23, 72-75; 10. falsch: Zl. 10-14, 37-43, 49-53, 59-61.

Ü4 "Äußere Handlung": ①, ②, ④, ⑤, ⑥, ⑧, ⑩, ⑪;

"Innere Handlung": ③, ⑦, ⑨, ⑩.

21A4 Ü5 1. Adjektive, die die Mutter beschreiben: *anständig, klug, ergeben, sparsam*. Handlungen/Tätigkeiten: Krümel von der Tischdecke schnippen; den Töchtern ins Gesicht sehen; vor Angst aufwachen, weil das Bügeleisen im Traum nicht abgeschaltet war; es wagen, die Beine am frühen Nachmittag übereinanderzuschlagen. Hoffnungen: "einmal eine Dame im Pelz zu sein wie die Damen in den Modeheften"; "den Töchtern ins Gesicht zu sehen nach Spuren, die sie im eigenen Gesicht nicht fand".
2. Sie hat Mitleid mit ihrer Mutter: Zl. 2-3, 6-7, 14-20.

21A5 Ü8 a) 1. Ein Paket aufgeben/wegschicken. 2. Kunstwerk? Plastik? Leiche? Bombe? 3. Keine dummen Witze! Das muß man schicken können! 4. Nicht mit der Post: Transport nicht möglich. Nehme Paket nicht an. 5. Empört: Will den Leiter des Postamts sprechen. 6. Ironisch, drohend. 7. Gereizt, wütend: offener Streit/Konflikt.

b) "Fieberkurve" des Gesprächs:

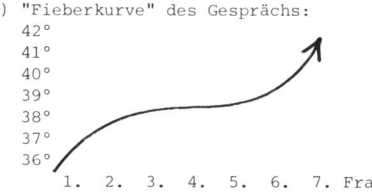

Ü9 1. Heinz' Augen und Ohren haben die "Signale" (die Wörter und Gesten von Theo) aufgenommen. 2. Aber er hat nicht richtig zugehört: Sein Ultrakurzzeitgedächtnis hat nur "...eier" festgehalten. 3. In seinem Kurzzeitgedächtnis hat er dann "...eier" gespeichert und mit dem, was er gerade getan hat - "Eier kaufen" identifiziert. Er hat also die Lautkette "Meier" falsch mit "Eier" kombiniert. Er gibt deshalb Theo eine Antwort, die nicht zur Frage paßt, wohl aber zu Heinz' aktuellen Gedanken und kurz zurückliegenden Erlebnissen.

Ü10 1. Sprache, Deutsch, Lehrbuch
     2. Bild: *Lehrbuch*, 18B1; Bild 2: *Lehrbuch*, Kap. 19 (Anfang)
     3. Es war einmal ein kleines Mädchen, dem war Vater und Mutter gestorben, und es war so arm, daß es kein Kämmerchen mehr hatte, darin zu wohnen, und kein Bettchen mehr, darin zu schlafen, und (...)
        - vgl. 10A5.

Ü11 Herr/Müller/Auto/kaufen/Anzeige/Zeitung/telefonieren/Verabredung/Besichtigung/fünfzehn/Uhr.
     Frau/Meier/Abend/Kino/Zeitung/Anzeige/vom/Winde/verweht/Klasse/Anruf/Vorstellung/zwanzig/Uhr.

     Lösungsbeispiel:

     Herr Müller möchte ein Auto kaufen. Er findet eine Anzeige in der Zeitung. Er telefoniert und macht/trifft mit dem Verkäufer eine Verabredung: Die Besichtigung des Autos/Wagens kann um fünfzehn Uhr stattfinden.
     Frau Meier möchte am Abend ins Kino gehen. Sie findet/liest in der Zeitung die Kinoanzeigen. Es gibt: "Vom Winde verweht". Frau Meier findet das Klasse! Sie telefoniert und findet heraus: Die Vorstellung beginnt um zwanzig Uhr. (*Oder:* "Kannst du schnell mal per Anruf die Karten bestellen?" fragt sie ihren Mann. "Hier steht, daß die Vorstellung um zwanzig Uhr beginnt!")

22A2 Ü2
Text ①:
+ Einzelfälle in der Politik;
- Affären und Skandale; macht ... nachdenklich.

Text ②:
+ Idealpolitiker; vertrauen;
- müßte menschlicher sein; miserabel; um den heißen Brei reden; nicht zur Sache kommen; nicht zum Kern der Sache; nicht ehrlich; die Wahrheit wehtut.

Text ③:
+ vertrauen; Ehrlichkeit;
- Skandal; Politik und Ehrlichkeit nicht zusammenpassen.

Text ④:
+ allein etwas durchsetzen;
- sind ... sehr abhängig von ...; bin ... wahnsinnig enttäuscht; nicht das halten, was sie versprochen haben; skeptisch sein.

22A3 Ü4
1 - a, c, e; 2 - b, d, f; 3 - c, h; 4 - c, g; 5 - i.

22A4/5 Ü6

	Süddeutsche Zeitung	*Frankfurter Rundschau*
Wahlberechtigte:	rund 2 Millionen	-
Abgeordnete:	74	76
Parteien:	12: CDU, SPD, ...?	CDU, FDP, SPD, ...?
Ergebnisse 1987:	SPD: 45,2% 36 Abgeordnete, stärkste Fraktion, aber keine absolute Mehrheit	Patt CDU: 42,6%
Ergebnisse 1988:	-	SPD: 52 - 53,8% (absolute Mehrheit), 43 Mandate; CDU: 34,1% - 36% FDP: unter 5% (nicht im Landtag) Björn Engholm (SPD)

21A7 Ü13 Lösungsbeispiel:

Ich male ein Bild,
ein schönes Bild,
ich male mir den Frühling.
Grün ist das Land,
Bunt ist die Welt,
Blau ist der Himmel dahinter.

Es lebt da viel,
da lebt überall was,
da ist weit und breit
alles lebendig.
Und auf dem Baum,
auf dem grünen Baum,
sitzen drei bunte Finken.

Aber die Finken,
was tun die drei,
was tun die drei auf den Zweigen?
Sie sitzen mal dort,
mal fliegen sie fort.
Sie pfeifen und singen und zwitschern.

Wer mein Bild besieht,
wie's da Frühling ist,
wird den Frühling durch und durch spüren.
Der zieht sich die leichten Sachen an
und fängt an zu musizieren.

21B2/3 Ü1
Und jetzt gehen sie schnell (HS), denn die Straße scheint ihnen verdächtig (HS). Sie bewegen sich heimwärts (HS) und fürchten (HS), das Pult nicht geschlossen zu haben (HS). Sie denken an den nächsten Zahltag, an die Lotterie, an das Sporttoto, an den Mantel für die Frau (HS), und dabei bewegen sie die Füße (HS), und hie und da denkt einer (HS), daß es eigenartig sei (HS), daß sich die Füße bewegen (NS).
Beim Mittagessen fürchten sie sich vor dem Rückweg (HS), denn er scheint ihnen verdächtig (HS), und sie lieben ihre Arbeit nicht (HS), doch sie muß getan werden (HS), weil Leute am Schalter stehen (NS), weil die Leute kommen müssen (NS) und weil die Leute fragen müssen (NS). Dann ist ihnen nichts verdächtig (HS), und ihr Wissen freut sie (HS), und sie geben es sparsam weiter (HS).

22A1 Ü1
1. Text ①; 2. Text ②; 3. Text ②, ③; 4. Text ③; 5. Text ③; 6. Text ②; 7. Text ①.

Ü7
1. Die von Björn Engholm angeführten Sozialdemokraten haben am Sonntag die absolute Mehrheit errungen.
2. FDP und Grüne scheiterten an der 5%-Klausel.
3. ... gaben ihnen 54,8% der Wähler ihre Stimme.
4. Schleswig-Holstein war 38 Jahre von der CDU regiert worden. 5. Die CDU (mit Heiko Hoffmann an der Spitze) mußte bei der vorgezogenen Landtagswahl in Schleswig-Holstein eine schwere Niederlage hinnehmen.

22SIT
1. Briketts, Motoröl, Illustrierte, Stofftiere, Blumen, Getränke, Süßigkeiten, Zigaretten, ...
2. Ölwechsel, Tanken, Batteriewechsel, Reparaturen, Reifenwechsel, Autowäsche, Reifendruck und Kühlwasser prüfen, ...

22B1 Ü1
ausgedrückt/geäußert; schnell/schnellstens / so schnell wie möglich angehalten/gestoppt werden; besprechen; diskutiert werden; forderte die CDU auf; alles vorbereiten, die Affäre rasch zu klären; erleichtert erkennen/feststellen; abgelehnt wird; versprach seinen Wählern; voll beachtet (werden) würden.

22B2 Ü2
1. ..., ohne daß jemand etwas gegen die Inflation tut. 2. ..., ohne:daß sich jemand darum kümmert. 3. ..., ohne daß die Sachen billiger werden. 4. ..., ohne daß die Straßen besser werden. 5. ..., ohne daß sie spannender werden. 6. ..., ohne daß man Angst vor der Wasserverschmutzung haben mußte. / ohne Angst vor der Wasserverschmutzung zu haben. 7. ..., ohne daß ich es bemerkte. / ohne es zu bemerken. 8. ..., ohne daß ich Zeit für eine intensive Vorbereitung habe.

22B5 Ü4 1. Sie sahen sich/einander selten. 2. Sie begegneten sich/einander im Theater. 3. Sie verliebten sich auf der Stelle ineinander. 4. Sie unterhielten sich sehr gut (miteinander). 5. Sie verstanden sich/einander sofort/immer. 6. Sie küßten sich/einander. 7. Sie wollten sich/einander ein Leben lang lieben. 8. Sie verstanden sich/einander nicht immer / seltener. 9. Sie stritten sich/miteinander über Kleinigkeiten. 10. Sie halfen sich/einander nicht mehr bei der Arbeit. 11. In wichtigen Fragen konnten sie sich bald nicht mehr einigen. Schließlich trennten sie sich (voneinander).

22B6 Ü5 seiner Meinung nach; äußern; auffordern; (pauschal) verurteilen; seiner Überzeugung nach; sich aussprechen für (etwas); (etwas) bekräftigen

22B7 Ü6 1. ... ist enorm aufnahmefähig und sehr leistungsfähig. 2. ..., war er fast bewegungsunfähig, ... 3. Diese Partei ist nicht mehr urteilsfähig, nicht mehr handlungsfähig und nicht mehr regierungsfähig ... Die neue Koalition dagegen hat eine tragfähige Mehrheit und ein entwicklungsfähiges Programm. 4. Als die Firma zahlungsunfähig war, ... 5. ..., daß man arbeitsunfähig ist.

23A2 Ü1 1A - 2G - 3D - 4B - 5H - 6C - 7F - 8E

23A3 Ü2 Reisegesellschaft, Ausländer, Wasserski, Rückgang, Norddeutschland, Europa, Busreisen, Auto, Unfreundlichkeit, Maximum, Bayern, Krisenbranche, Interesse, Vergangenheit.

Ü3 1A - 2E - 3D - 4B - 5C

23A4 Ü8 A6 - B8 - C3 - D5 - E1 - F7 - G2 - H4

23A5 Ü9 A, B, C: Sport treiben, sich fit halten; D: spazierengehen, wandern

23B1 Ü1 (1) Da war seine Begeisterung nicht mehr zu bremsen. (2) Diese Begeisterung ist dadurch zu erklären, daß ... (3) Es ist dabei zu berücksichtigen, daß ...; und es ist nicht zu vergessen, daß ... (4) Es ist schließlich noch zu sagen, daß ...

23B2 Ü2 1. Das Geschäft hat ihnen die Platte für DM 16,- zu verkaufen. 2. Das Geschäft hat die Schuhe umzutauschen. 3. Die Firma hat einen neuen Motor einzubauen. 4. Das Geschäft hat die Schreibmaschine zu reparieren. 5. Das Geschäft hat Ihnen einen Preisnachlaß zu geben.

23B3 Ü3 1. Ich hätte weniger rauchen sollen! 2. Das hätte mir jemand sagen sollen/müssen! 3. Ich hätte weniger trinken sollen. 4. Ich hätte besser aufpassen sollen/müssen! 5. Ich hätte mich bewegen sollen/müssen! Ich hätte schwimmen oder joggen sollen/müssen! 6. Das hätte nicht passieren dürfen! 7. Ihr hättet mich warnen müssen/sollen! 8. Ihr hättet mir etwas erzählen müssen/sollen! 9. Ihr hättet mir helfen müssen/sollen!

23B4 Ü4 1. Wenn Sie reisen wollen, dann müssen Sie sich gut vorbereiten. 2. Wenn Sie z. B. nach Italien wollen, dann sollten Sie ... . 3. Obwohl es in diesem Land viel zu sehen gibt, liegen doch ... . 4. Man kann vermuten, daß sie/Sie von Kunst ... . 5. Wenn Sie in Italien eine Kirche besuchen, dann achten Sie ... . 6. Obwohl es viele Hinweise gibt, laufen doch ... . 7. Es ist deutlich, daß sie/Sie nicht wissen, was sich gehört. 8. Wenn Sie in ein Gasthaus gehen, sollten Sie ... . 9. Wenn der Wein gut schmeckt / Auch wenn der Wein gut schmeckt, ist er doch gefährlich. 10. Man kann aber sagen, daß ein Gläschen nicht schadet. 11. Wenn Sie in Rom sind, tun Sie, was die Römer tun!

23B5 Ü5 Zeitpunkt: 8.3.1988; gestern; im Jahr 2000; dann.
Zeitraum: in den letzten Jahren; 1987; in diesem Jahr; mehr als 5 Tage Dauer; im letzten Jahr; in den letzten Jahren; in den kommenden Jahre; Im nächsten Jahr; in den 90er Jahren; im Sommer.
Zeitspanne: von Beginn der 60er Jahre bis heute; von 1960 bis 1988; Bis heute.
Häufigkeit: mehrmals im Jahr.

24.3 Ü4 1. Der Diebstahl ist im Buchladen passiert. Er ist wenige Minuten vor Ladenschluß passiert. Als Diebe kommen in Frage: Herr Langbein und Frau Stolze. 3. Widersprüche: Einerseits ist Frau Stolze sehr kurzsichtig, wie Frau Knödler sagt (Zl. 25 - 28). Andererseits berichtet Frau Stolze selbst von einem Mann, der in der Buchhandlung einige Meter von ihr entfernt gestanden und in einem Buch mit dem Titel "Antike Ausgrabungen" geblättert habe (Zl. 76 - 80). Um den Buchtitel lesen zu können, hätte sie aber direkt neben dem Mann stehen müssen! Also lügt Frau Stolze, um den Mann verdächtig zu machen. Sie selbst hat das Buch gestohlen!

24.6 Ü6 Werkzeug/Gerät: der Kocher; der Zigarettenspender; der Rauchverzehrer; der Locher; der Schnellhefter; der Wäschtrockner; der Glasschneider; der Plattenspieler; der Feuerlöscher.
Person/Beruf: der Erfinder; der Kettenraucher; der Büchermacher; der Buchdrucker; der Glaser; der Schuhputzer.

17–24T Abschlußtest

SCHRIFTLICHE PRÜFUNG

Test 1: Leseverstehen

Test 1: 1. a) 2. b) 3. b) 4. c) 5. d)
Test 2: 6. b) 7. a) 8. d) 9. c) 10. b)

Test 2: Schriftlicher Ausdruck (Brief)

Briefmodell → Zwischentest-Schlüssel, S. 140

Test 3: Hörverstehen

Abschnitt ①

	gehört	nicht gehört
16	x	
17		x
18	x	
19		x
20	x	

Abschnitt ②

	gehört	nicht gehört
21	x	
22		x
23		x
24	x	
25	x	

Test 4: Strukturen/Wortschatz

26. b) 27. c) 28. c) 29. b) 30. b) 31. d) 32. c)
33. c) 34. c) 35. c) 36. c) 37. d) 38. c) 39. a)
40. b) 41. c) 42. a) 43. c) 44. a) 45. c) 46. b)
47. a) 48. b) 49. a) 50. c) 51. c) 52. b) 53. b)
54. a) 55. a) 56. c) 57. c) 58. b) 59. c) 60. b)
61. d) 62. b) 63. c) 64. c) 65. c) 66. a) 67. c)
68. d) 69. d) 70. d) 71. c) 72. b) 73. d) 74. b)

MÜNDLICHE PRÜFUNG

Test 1: Kommunikation in Alltagssituationen

Mögliche Antworten:

1.- Wo ist (bitte) der Bahnhof? / Können Sie mir sagen, wo der Bahnhof ist?
Entschuldigung, wie komme ich (am besten) zum Bahnhof?
Können Sie mir (bitte) sagen, wie ich (am besten) zum B. komme?
- Kann ich mit der Straßenbahn fahren?
- Wo ist die (nächste) Haltestelle?
- Mit welcher Linie muß ich fahren?
- (Wo) muß ich umsteigen?
- Muß ich ein/das Taxi nehmen?
- Wo finde ich ein Taxi? / Wo ist ein Taxistand?
- Kann ich zu Fuß gehen? / Wie lange dauert das zu Fuß?

2. Ich möchte am Vormittag von F. nach H. fahren.
   - Wann habe ich / ist am Vormittag eine gute Verbindung?
     Welches ist die günstigste/beste Verbindung am Vormittag?
   - Was kostet die Fahrt einfach / hin und zurück / erster / zweiter Klasse? / eine Rückfahrkarte?
   - Wie lange fährt man von F. nach H.?
     Wie lange dauert die Fahrt von F. nach H.?

3. (Das) tut mir aber/sehr/wirklich leid, aber ich bin (heute abend) schon verabredet. Ich kann heute leider nicht (mitkommen), ich habe schon eine Verabredung / etwas vor.

4. In meiner Brieftasche waren die folgenden Papiere und Ausweise:
   - mein/der Personalausweis
   - mein/der Führerschein
   - meine/die Kreditkarte/Euroscheckkarte
   - DM 350,- Bargeld in Scheinen; ungefähr/ca. 5 Mark in Münzen/Kleingeld.
   - Meine Adresse und Telefonnummer: .....

Test 2: Gelenktes Gespräch

Satzmodelle für mögliche Antworten:

1. In meinem Land / Hier sieht man nicht so viel / mehr fern.
   In meinem Land / Hier sitzen die Leute nicht so viel / mehr vor dem Fernseher.
   In meinem Land / Hier läuft der Fernseher nicht so viel / mehr als in ...

2. Ich mag besonders gern: ...
   Meine Lieblingssendung ist: ...
   Für mich ist die interessanteste Sendung: ...
   Das Programm, das ich am liebsten mag, heißt: ...

3. Am wenigsten gefällt mir: ...
   ... finde ich ganz besonders schlecht.
   Die schlechteste Sendung ist: ...
   Das Programm, das ich überhaupt nicht mag, heißt: ...
   Wenn ich das Fernsehprogramm ändern könnte, würde ich ...
   Ich würde zuerst ...
   Wenn ich der Programmdirektor wäre, würde ich ...

4. Ich finde es auf jeden Fall gut, wenn man viel fernsieht, weil man dann ...... am besten / besonders gut lernt.
   Meiner Meinung nach ist viel Fernsehen nicht gut, weil ...
   Einerseits kann man durch Fernsehen / beim Fernsehen ... lernen, andererseits ...

5. Ich war auch viel in/im ...
   Ich bin zur/zum ... gegangen und habe ...
   Ich habe viel/viele ... gemacht.
   Ganz viel Deutsch habe ich in/durch ... gelernt.
   Wenn man ... (macht), kann man besonders gut Deutsch lernen.

6. Am wichtigsten ist, daß man ...
   Meiner Meinung nach kann man die Fremdsprache am besten lernen, wenn man ...
   Man muß ... (machen).

Quellennachweis für Texte und Abbildungen

S. 6　　Foto l.: Ankelika Sulzer, Wuppertal; Foto r.: © Gerd Neuner
S. 8　　Texte ① - ④ : Auszüge aus: "Jugend vom Umtausch ausgeschlossen", panther 5555, © 1984 by Rowohlt Taschenbuch Verlag GmbH, Reinbek
S. 9　　Zeitungstext und Foto: dpa
S. 11/12　"Cowboy Jim", bearbeitet und vereinfacht, nach: Frederik Hetmann, "Wildwest Show", Beltz Verlag, Weinheim und Basel 1973, Programm Beltz & Gelberg, Weinheim
S. 12　　Zeichnung: Helga Gebert, aus: "Cowboy Jim", s. S. 11/12
S. 15　　Foto: Barbara Stenzel, München
S. 16/17　Fotos: © Kees van Eunen
S. 19　　Foto: Thomas Cojaniz, Dortmund, aus: Zeit-Magazin Nr. 34/14.8.87, S. 19
S. 20　　Kurt Tucholsky, "Mutterns Hände", aus: Gesammelte Werke, Band 3, Seite 138, © 1960 by Rowohlt Verlag GmbH, Reinbek
S. 21　　Foto: Süddeutscher Verlag, Bilderdienst, © ZDF-Bilderdienst; Bettina Wegner, "Ich bin doch ein Kind", © Bettina Wegner
S. 22　　"Der Löwe und die Maus" aus: Käthe Recheis, "Das Große Fabelbuch", Verlag Carl Überreuter, Wien
S. 23　　"Schwester Gans und Bruder Fuchs" aus: Frederik Hetmann, "Als der große Regen kam", Beltz Verlag, Weinheim und Basel 1989, Programm Beltz und Gelberg, Weinheim
S. 25　　Fotos: Süddeutscher Verlag, Bilderdienst, © von li. nach re.: teutopress, Tele-Bunk; (mittleres Foto: Ulrike Kment); Paul Langrock, Berlin; Ferdy Hartung, Saarbrücken
S. 27　　Arnold Böcklin, "Spiel der Wellen", Bayerische Staatsgemäldesammlungen, Neue Pinakothek München, Foto: Blauel/Artothek, Peissenberg
S. 30　　Zeichnung o.l.: Guido Zingerl, Fürstenfeldbruck
　　　　Foto r.: Regine Körner, München
S. 32　　Zeitungsausschnitte aus: Neue Westfälische, 10. und 29.9.87 und 7.1.88, Bielefeld; Foto: Barbara A. Stenzel, München
S. 35　　Zeitungstext: dpa
S. 39　　Foto: Heinz Wilms
S. 40　　Aufkleber "na denn ffn": © Funk und Fernsehen Nordwestdeutschland GmbH und Co. KG, Isernhagen
S. 43　　Foto: Neue Westfälische, 10.9.87, Bielefeld
S. 56　　Foto: Bjarne Geiges, München
S. 57　　Foto: Luchterhand Literaturverlag, Darmstadt, © Mara Eggert
S. 58　　Textausschnitte aus: Peter Härtling, "Nachgetragene Liebe", © 1980/1989 Luchterhand Literaturverlag, Frankfurt/Main; Foto: Süddeutscher Verlag, Bilderdienst, © teutopress
S. 61　　Abb. r. aus: Wolfgang Weck, "Heilkunde und Volkstum auf Bali", Jakarta 1976
S. 67　　Fotos: Beethoven und Hoechst-Industrie: Süddeutscher Verlag, Bilderdienst; alle anderen: Bavaria Verlag, Gauting
S. 73　　Foto: H.-J. Schanz
S. 74　　Klaus P. Pfund, "Kurz, oft, spontan", aus: Hessische/Niedersächsische Allgemeine, 20.3.88
S. 82　　Zeichnung: Michael König
S. 83　　Fotos: Süddeutscher Verlag, Bilderdienst, München
S. 105　Marie Marcks, Zeichnung aus: Süddeutsche Zeitung vom 28.2.85
S. 107　Zeichnung "Micha": Jenny Scherling; Foto: Gernot Häublein
S. 109　Foto l.: Gernot Häublein; Foto r.: Kees van Eunen
S. 114　Zeichnungen aus: "Asterix und die Goten", © Ed. Albert René Goscinny/Uderzo

Alle anderen Fotos: Ulrike Kment